澳门手信食品业研究

品牌形象对消费者购买意愿的影响

任玉洁 著

知识产权出版社
全国百佳图书出版单位

图书在版编目（CIP）数据

澳门手信食品业研究：品牌形象对消费者购买意愿的影响/任玉洁著. —北京：知识产权出版社，2018.9
ISBN 978-7-5130-5642-7

Ⅰ.①澳… Ⅱ.①任… Ⅲ.①食品—商业品牌—产品形象—研究—澳门 Ⅳ.①F768.2

中国版本图书馆 CIP 数据核字（2018）第 136428 号

内容提要

随着澳门手信食品品牌之间的竞争日益激烈，老品牌如何在竞争中借助品牌形象发挥优势，提升消费者的购买意愿，需要进一步研究。本书用定性和定量相结合的研究方法，通过文献研究，在参考前人成果的基础上，构建了澳门手信食品业品牌形象对购买意愿的影响架构，并整理出该行业品牌形象的测量指标。针对研究结果，作者建议澳门手信食品业应重开发 25—35 岁消费者市场，加强澳门手信食品老字号品牌具有独具特色的加工工艺以及世代相承的文化内涵，并对手信食品进行市场细分，扩大推广宣传，强化行业内外部协作，提升品牌的视觉形象，以达提高消费者购买意愿的最终目的。

责任编辑：	冯　彤	**责任校对：**	谷　洋
封面设计：	张革立	**责任印制：**	孙婷婷

澳门手信食品业研究
——品牌形象对消费者购买意愿的影响

任玉洁　著

出版发行：	知识产权出版社有限责任公司	网　　址：	http://www.ipph.cn
社　　址：	北京市海淀区气象路 50 号院	邮　　编：	100081
责编电话：	010-82000860 转 8386	责任邮箱：	fengtong@cnipr.com
发行电话：	010-82000860 转 8101/8102	发行传真：	010-82000893/82005070/82000270
印　　刷：	北京虎彩文化传播有限公司	经　　销：	各大网上书店、新华书店及相关专业书店
开　　本：	880mm×1230mm　1/32	印　　张：	6.125
版　　次：	2018 年 9 月第 1 版	印　　次：	2018 年 9 月第 1 次印刷
字　　数：	118 千字	定　　价：	45.00 元

ISBN 978-7-5130-5642-7

出版权专有　侵权必究
如有印装质量问题，本社负责调换。

序一

2018年9月任玉洁的专著《澳门手信食品业研究》出版，这是澳门第一部关于手信食品行业的专著，玉洁是为数不多的具有工商管理博士学科背景的艺术设计教学和设计实践的跨界复合人才。她能够取得这些成绩与她本人的勤奋和努力分不开，作为她的博士生导师，我非常欣慰，也为玉洁感到开心。

这个研究成果将企业市场经营与学术研究相结合，既为澳门本地的手信食品企业的市场细分及老字号品牌提升竞争力提供了很好的思路，又为艺术设计领域的品牌形象研究做了一定的延展，为今后澳门手信食品业的品牌形象设计领域提供了有力的科学依据。

本专著在此时出版，响应了2018年澳门经济局发掘及评定具有澳门特色的老店、为澳门老品牌给予保护和支持的政策，为帮助"特色老店"的传承创新及可持续发展提供了前沿性的研究，具有很好的学术贡献性。

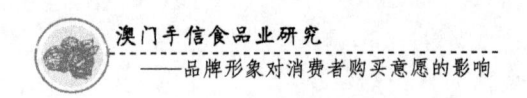

最后，我衷心祝愿玉洁未来的研究之路宽阔而深远，希望此专著能为本澳学术界和企业管理界发挥重要作用。

邝婉桦

2018 年 8 月 25 日

于澳门城市大学商学院

序二

任玉洁的专著《澳门手信食品业研究》即将出版并邀我写序，我为玉洁新书问世而高兴，亦为她在学术求索之路上所付出的心血与努力而感慨。

玉洁2001年考入北京服装学院艺术设计系就读本科四年，读硕士期间，我担任她的硕士研究生导师，算下来认识玉洁已有十几个年头了，玉洁给我的印象是一位单纯文静、勤奋好学，朴实上进的学生。在时下急功近利、浮躁盛行的学风下，玉洁却不随波逐流，特立独行、扎实进取，实在是难等可贵。"功夫不负有心人"，经过两年半的研究努力，玉洁最后以优异的成绩圆满完成研究生的学业。

后来得知她去高校任教我很高兴，我觉得她很适合做教育与研究工作。再后来听说她又到澳门攻读博士学位并留校任教，我为玉洁的艰辛付出与取得的骄人成绩而倍感欣慰。

从玉洁的这本专著以及玉洁在学术上一路走来的心路历程，

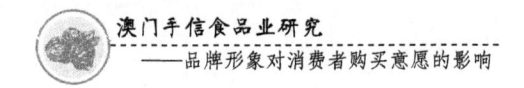

不难发现玉洁今天的成功取决于以下三点值得关注。

  首先是基础要厚。玉洁属于埋头苦干的人,她认准的目标便会很执着地付诸实施。对于一位从事艺术设计的人才来讲,基础扎实、基本功过硬才会尽可能地避免理论与实践上的硬伤,同时,也为今后学术上的进一步提升打造坚实的根基。玉洁在艺术设计理论与实践基础方面下过苦功并具有较深厚的基础,这为她日后的学业深造与进取奠定了基石,使她能够自由出入自己感兴趣的专业领域甚至跨界并成效显著。如本书《澳门手信食品业研究》正是基于早期在视觉传达设计基础上的投入和对于设计文化与品牌市场营销诸多方面的长期思考分不开的。由于历史的机遇与巧合使得若干年后玉洁在置身澳门学习、工作与生活的感同身受中自觉地做了一次知识整合,选取了她有感觉、有兴趣且有条件研究的专著选题。这也应了那句"天时、地利、人和"的老话,使她的这本专著如期顺利出版。

  其次是视野要宽。玉洁为人本分谦虚,但在学术追求上却巾帼不让须眉,孜孜以求并乐此不疲。我在当年带玉洁这批研究生时就经常强调不要做井底之蛙,要利用一切条件开阔视野,只有学术视野开阔了才有可能在学术上兼容并蓄、标新立异。玉洁是个有心人,以开放的心态默默地钻研,收获了属于她的一番天地。当今是互联网时代,更有利于知识信息的传播与共享。玉洁的这本专著通过大量的调研取证、阅读文献和比对研究才使本书具有学术意义与文献价值。

最后是立意要新。玉洁从事艺术设计教育多年积累了丰富的理论与实践经验，这本专著的选题就可看出她经过了一番谨慎周密的分析与思考并结合澳门手信食品业发展实际加以系统理论阐述。由于具有一定的社会市场调查并站在时代的文化立场高度使本书立意较新，符合时代与社会的需求，为品牌市场设计营销类图书再添一朵奇葩。

衷心祝愿本书的出版对澳门手信食品业发展乃至国内其他地区品牌设计带来一定的借鉴与参考。

翟鹰
2018 年 8 月于北京服装学院美术学院

目 录

第一章 绪 论 ··· 1

  1.1 研究背景 ··· 1

  1.2 澳门手信食品业的市场情况 ································ 5

  1.3 理论背景 ·· 10

  1.4 研究概念界定 ·· 11

    1.4.1 旅游商品 ··· 11

    1.4.2 澳门手信食品 ······································· 12

    1.4.3 老字号品牌 ·· 13

    1.4.4 消费者 ·· 14

  1.5 研究目的及研究问题 ······································ 16

  1.6 研究意义 ·· 18

  1.7 研究流程及文章结构 ······································ 21

    1.7.1 研究流程 ··· 21

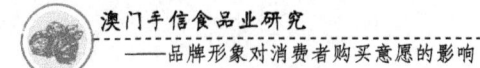

1.7.2　文章结构安排 …………………………………………… 22

第二章　文献综述 ………………………………………………… 23

2.1　相关概念评述 ……………………………………………… 23
　　2.1.1　品牌 ………………………………………………… 23
　　2.1.2　品牌形象 …………………………………………… 24
　　2.1.3　品牌形象的模型及评述 …………………………… 27
　　2.1.4　态度 ………………………………………………… 32
　　2.1.5　购买意愿 …………………………………………… 33
　　2.1.6　面子意识 …………………………………………… 35
　　2.1.7　群体一致意识 ……………………………………… 36
2.2　理论评述 …………………………………………………… 38
　　2.2.1　品牌管理理论 ……………………………………… 38
　　2.2.2　消费者行为理论 …………………………………… 39
　　2.2.3　理性行为理论 ……………………………………… 42
2.3　跨文化营销策略研究 ……………………………………… 48
　　2.3.1　跨文化营销策略研究 ……………………………… 48
　　2.3.2　中国文化特点研究 ………………………………… 50
2.4　品牌形象、态度、面子意识、群体一致与
　　　消费者购买意愿的关系研究 ……………………………… 52
　　2.4.1　品牌形象与消费者购买意愿的关系 ……………… 52
　　2.4.2　品牌形象与消费者态度的关系 …………………… 54

2.4.3　态度对消费者购买意愿的影响 …………………… 54

　　2.4.4　面子意识与消费者购买行为的影响 ……………… 55

　　2.4.5　群体一致对消费者购买行为的影响 ……………… 57

2.5　澳门手信食品业品牌形象对消费者
　　　购买意愿影响的理论模型构建 …………………………… 58

2.6　本章小结 ………………………………………………………… 60

第三章　研究方法 ……………………………………………………… 62

3.1　品牌形象与购买意愿的关系及其假设 ………………………… 63

3.2　品牌形象与态度、面子意识、群体一致意识的
　　　关系及假设 ……………………………………………………… 64

　　3.2.1　品牌形象与态度的关系及假设 ……………………… 64

　　3.2.2　品牌形象与面子意识的关系及假设 ………………… 65

　　3.2.3　品牌形象与群体一致意识的关系及假设 …………… 66

3.3　态度、面子意识、群体一致意识与购买意愿的
　　　关系及假设 ……………………………………………………… 67

　　3.3.1　态度与购买意愿的关系及假设 ……………………… 67

　　3.3.2　面子意识与购买意愿的关系及假设 ………………… 67

　　3.3.3　群体一致意识与购买意愿的关系及假设 …………… 68

3.4　中介作用的假设 ………………………………………………… 69

　　3.4.1　态度中介作用的假设 ………………………………… 69

　　3.4.2　面子意识中介作用的假设 …………………………… 70

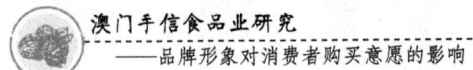

3.4.3 群体一致意识中介作用的假设 …………………… 70
  3.5 研究方法 …………………………………………………… 71
    3.5.1 定性研究 ………………………………………… 71
    3.5.2 定量研究 ………………………………………… 72
  3.6 小结 ……………………………………………………… 78

第四章 问卷设计与数据分析 …………………………… 79
  4.1 问卷设计 …………………………………………………… 79
    4.1.1 变量的测量 ……………………………………… 80
    4.1.2 前测性访谈 ……………………………………… 87
    4.1.3 预测试 …………………………………………… 88
    4.1.4 信度分析 ………………………………………… 88
    4.1.5 探索性因子分析 ………………………………… 89
    4.1.6 预测试结论 ……………………………………… 92
    4.1.7 正式样本数量 …………………………………… 92
  4.2 描述性统计分析 …………………………………………… 93
    4.2.1 受访者购买手信食品情况 ……………………… 93
    4.2.2 受访者个人资料 ………………………………… 96
  4.3 信度分析 …………………………………………………… 98
  4.4 效度分析 …………………………………………………… 99
  4.5 相关性分析 ………………………………………………… 104
  4.6 假设检验 …………………………………………………… 105

4.6.1　品牌形象与购买意愿的假设检验 ………… 105
　　4.6.2　态度与购买意愿的假设检验 ………… 107
　　4.6.3　面子意识与购买意愿的假设检验 ………… 107
　　4.6.4　群体一致意识与购买意愿的假设检验 ………… 108
　　4.6.5　品牌形象与态度的假设检验 ………… 109
　　4.6.6　品牌形象与面子意识的假设检验 ………… 109
　　4.6.7　品牌形象与群体一致意识的假设检验 ………… 111
　　4.6.8　中介变量作用分析 ………… 113
　　4.6.9　方差分析 ………… 118
4.7　实证结果分析与讨论 ………… 123
　　4.7.1　假设验证结果分析 ………… 123
　　4.7.2　品牌形象的构成及属性 ………… 125
　　4.7.3　描述性统计情况 ………… 126
　　4.7.4　消费者人口统计属性对各变量的影响 ………… 127
　　4.7.5　消费者倾向的品牌对各变量的影响 ………… 128
　　4.7.6　消费者购买的次数对各变量的影响 ………… 129
　　4.7.7　消费者购买的用途对各变量的影响 ………… 130
4.8　小结 ………… 130

第五章　结论与建议 ………… 132

5.1　研究结论 ………… 132
　　5.1.1　澳门手信食品品牌形象的构成可划分为

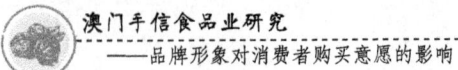

　　　　　　四个维度 …………………………………… 132
　　5.1.2　品牌形象对消费者的购买意愿产生显著影响 … 133
　　5.1.3　功能性形象和声誉性形象对购买意愿的
　　　　　　正向影响十分显著 ……………………………… 133
　　5.1.4　象征性形象和经验性形象对购买意愿的
　　　　　　正向影响不显著 ………………………………… 134
　　5.1.5　态度、面子意识、群体一致意识在品牌形象对
　　　　　　购买意愿的影响过程中产生中介作用 ………… 134
　　5.1.6　不同特征的消费者对澳门手信食品的喜好 …… 135
　5.2　研究建议 …………………………………………… 135
　　5.2.1　针对25～35岁消费者开发市场 ………………… 135
　　5.2.2　提升品牌形象，增强品牌传播 ………………… 136
　　5.2.3　发挥行业协会的作用 …………………………… 137
　　5.2.4　结合文化产业，延长产业链 …………………… 138
　5.3　研究贡献 …………………………………………… 138
　5.4　研究限制及后续研究 ……………………………… 139

参考文献 ………………………………………………… 140
附录一　预测试调查问卷 ………………………………… 163
附录二　大样本正式调查问卷 …………………………… 168
附录三　前测性访谈提纲 ………………………………… 173
致　谢 …………………………………………………… 175

图目录

图1-1　2015年各国或地区来澳门的游客总人数 ………… 2
图1-2　2010~2015年来澳门游客总数及来澳门的
　　　　中国内地游客总数 …………………………………… 4
图1-3　2010~2015年人均购买手信食品与人均消费的
　　　　比较 ……………………………………………………… 5
图1-4　2013年2月钜记的市场占有率 ………………………… 6
图1-5　2016年1月购买英记手信食品的游客比例 …… 7
图1-6　2017年1月购买英记手信食品的游客比例 …… 8
图1-7　2016年1月购买英记手信食品的游客的
　　　　年龄构成 ………………………………………………… 8
图1-8　2017年1月购买英记手信食品的游客的
　　　　年龄构成 ………………………………………………… 9
图1-9　研究对象界定 …………………………………………… 15
图1-10　本课题研究流程 ……………………………………… 21

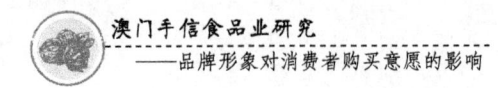

图 2-1 理性行为理论模型 ················ 44
图 2-2 国家形象对购买意愿的影响模型 ········ 45
图 2-3 消费者礼品购买意向概念模型 ·········· 46
图 2-4 修正后的理性行为模型 ············· 47
图 2-5 李东进等（2009）研究模型 1 ·········· 48
图 2-6 李东进等（2009）研究模型 2 ·········· 48
图 2-7 本研究的概念模型 ················ 59
图 4-1 本研究的问卷设计流程 ············· 79
图 4-2 受访者购买手信食品品牌的比例 ········ 95
图 4-3 因子陡坡图 ···················· 102

表目录

表 4-1　品牌形象的初始量表 ·················· 82

表 4-2　态度的初始量表 ······················ 83

表 4-3　购买意愿的初始量表 ·················· 83

表 4-4　面子意识的初始量表 ·················· 84

表 4-5　群体一致意识的初始量表 ·············· 85

表 4-6　控制变量统计表 ······················ 86

表 4-7　人口统计学特征统计表 ················ 87

表 4-8　Cronbach's α 的评判指标 ·············· 88

表 4-9　本研究的 Cronbach's α 系数 ············ 89

表 4-10　KMO 值和 Bartlett 球形检验值 ········· 90

表 4-11　品牌形象各维度的因子载荷表 ········· 91

表 4-12　购买人次统计表 ····················· 94

表 4-13　受访者购买手信食品品牌的比例 ······· 94

表 4-14　购买用途统计表 ····················· 95

表 4-15　人口统计学特征分析表 ··············· 97

表 4-16　本研究品牌形象四维度 Cronbach's α 系数 …… 99
表 4-17　本研究各变量的 Cronbach's α 系数 …………… 99
表 4-18　KMO 与 Bartlett's 检验结果 ………… 101
表 4-19　因子解释总变异量 ………………………… 101
表 4-20　旋转后的因子载荷矩阵 …………………… 103
表 4-21　旋转后的因子载荷矩阵 …………………… 105
表 4-22　品牌形象与购买意愿的假设检验 ………… 106
表 4-23　态度与购买意愿的假设检验 ……………… 107
表 4-24　面子意识与购买意愿的假设检验 ………… 108
表 4-25　群体一致意识与购买意愿的假设检验 …… 108
表 4-26　品牌形象与态度的假设检验 ……………… 110
表 4-27　品牌形象与面子意识的假设检验 ………… 111
表 4-28　品牌形象与群体一致意识的假设检验 …… 112
表 4-29　态度的中介效应检测表 …………………… 114
表 4-30　面子意识的中介效应检测表 ……………… 114
表 4-31　群体一致意识的中介效应检测表 ………… 115
表 4-32　态度在品牌形象各维度与购买意愿关系中的中介效应检测表 ………………………………… 115
表 4-33　面子意识在品牌形象各维度与购买意愿关系中的中介效应检测表 …………………………… 116
表 4-34　群体一致意识在品牌形象各维度与购买意愿关系中的中介效应检测表 …………………… 117
表 4-35　购买次数的方差分析结果 ………………… 118

表 4 – 36　最倾向的品牌方差分析结果 …………… 119

表 4 – 37　购买用途的方差分析结果 ……………… 120

表 4 – 38　受访者性别的方差分析结果 …………… 120

表 4 – 39　受访者年龄的方差分析结果 …………… 121

表 4 – 40　受访者学历的方差分析结果 …………… 121

表 4 – 41　游客来源的方差分析结果 ……………… 122

表 4 – 42　受访者婚姻状况的方差分析结果 ……… 122

表 4 – 43　受访者月收入的方差分析结果 ………… 123

表 4 – 44　假设检验结果汇总表 …………………… 124

第一章 绪 论

1.1 研究背景

出境游购物活动随着全球旅游业的发展对旅游地区的经济具有巨大的推动作用,因此,旅游购物逐渐成为企业和当地政府关注的焦点。旅游购物是旅游者为了旅游或在旅游活动中购买各种实物商品的经济文化的行为,它不仅包括专门的购物旅游行为,还应包括旅游中一切与购物相关的行为总和(石美玉,2004)。旅游购物的开支,是旅游者自己主动的选择,其弹性空间非常大。所以,从旅游业对目的地的经济贡献来看,旅游购物有着巨大的潜力。因此,长期以来,世界上旅游业发达的国家和地区都十分重视发展旅游购物,以期最大限度地提高旅游收入。

《全球旅游购物报告2015》显示:2015年,中国出境旅游购物市场规模累计已达6841亿元,其中中国游客出境自由行目的有53.6%的人是购物,而每个中国旅游者平均用于购物的费用占人均境外消费的55.8%。中国已成为世界上出境旅游购买和出境游人数最多的国家(杨玉杰、方旭红,2016)。

以澳门统计暨普查局2015年的数据为例,来澳门的各国或地区旅客中,人数较多的是中国内地游客(20410615人次)、中国香港游客(6534543人次)、中国台湾游客(988059人次);其次是韩国游客(554177人次)、日本游客(282217人次)等(见图1-1)。中国内地游客占游客总人数的67%,香港游客占游客总人数的23%,台湾游客占游客总人数的3%,中国内地游客和香港游客共占总游客的90%左右。

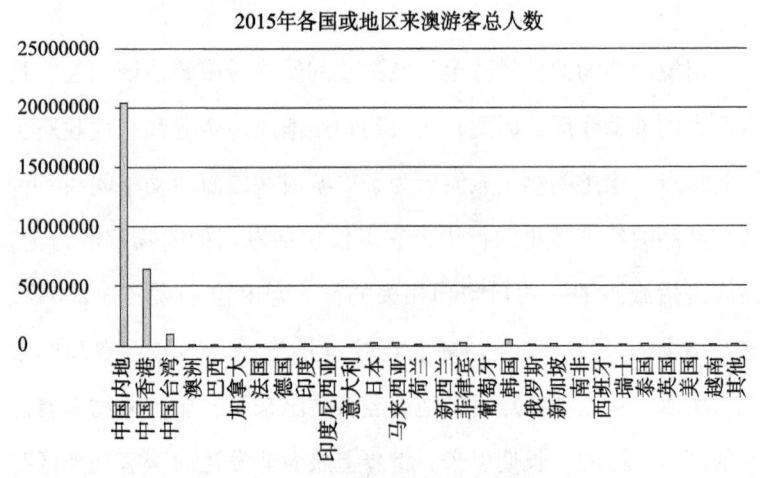

图1-1 2015年各国或地区来澳门的游客总人数

资料来源:澳门统计暨普查局网站(http://www.dsec.gov.mo)

第一章 绪 论

在国际旅游业中，旅游购物收入占旅游总收入的比重通常被看做衡量旅游业发展质量的显性指标，一般认为这个比重的最低警戒线约为30%。旅游政策与法规规定世界旅游购物的平均消费指数是30%，尤其是这一指数在旅游业发达的国家则达到了40%~60%（Gratton & Taylor，1987），发达国家的旅游购物收入一般占旅游业总收入的40%~60%（韩玉灵，2003）。

2014年，国务院发文要求发展购物旅游，促进旅游业的改革发展。旅游业"吃、住、行、游、购、娱"六大要素中旅游购物是需求弹性最大的部分，也是我国现有产业格局中的最薄弱部分。

2015年，国家"十三五"规划提出，支持澳门建设世界旅游休闲中心，发展旅游等服务业，促进经济适度多元可持续发展。如今，以博彩旅游业为支柱产业的澳门正在把世界旅游休闲中心作为定位，致力发展成为以博彩业为支柱产业的高素质的旅游城市。为支持和推广"澳门制造"的澳门品牌，将由特区政府投入资源加强宣传推广"澳门品牌"，协助企业开拓商机，借此提升澳门整体竞争力和城市形象。

澳门作为中西文化碰撞与交融的旅游城市，有丰富的文化资源和地域特色。近年来，到澳门旅游的人越来越多，大大促进了旅游业的发展。尤其2003年国家出台了《部分内地居民赴港澳地区"自由行"》政策，这项政策使澳门旅游人数激增。

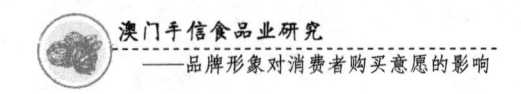

到澳门旅游，很多人会带一些手信食品回去给亲朋好友。作为旅游城市的重要符号，澳门手信食品浓缩了澳门的地域风情，承载旅行者旅行的意义，对于传播地域文化和提升旅游城市形象有重要作用。手信食品业是旅游业的高附加值产业，它可以活跃和繁荣旅游市场，对旅游经济的发展有促进作用。

据澳门统计暨普查局统计，2010~2015年来澳门的游客总数主要呈上升趋势，但2014~2015年期间有所下降，其中来澳门的中国内地游客减少（见图1-2）。

2010~2015年来澳门游客总数、内地来澳总数

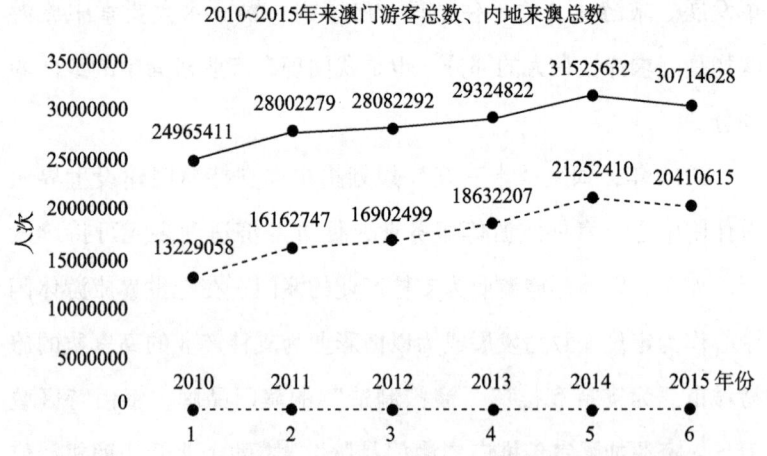

年份	游客总数	内地来澳总数
2010	24965411	13229058
2011	28002279	16162747
2012	28082292	16902499
2013	29324822	18632207
2014	31525632	21252410
2015	30714628	20410615

图1-2　2010~2015年来澳门游客总数及来澳门的中国内地游客总数

资料来源：澳门统计暨普查局

近几年，澳门游客人均消费逐年降低，与此相反，澳门手信食品的消费总体呈现上升趋势，如图1-3所示。

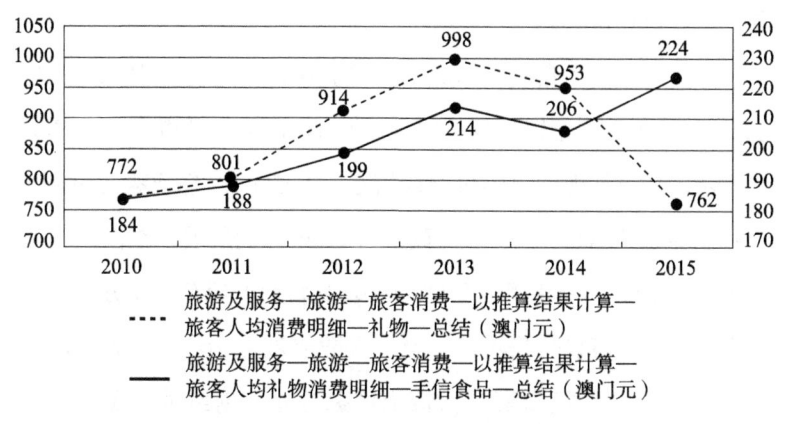

```
1050                                          998                              224    240
1000                                                                                  230
 950                                    914              953                          220
 900                                                                                  210
 850                            801              214            206                   200
 800      772                                                                         190
 750      184                   188     199                                   762     180
 700                                                                                  170
         2010    2011   2012   2013   2014   2015
```

---- 旅游及服务—旅游—旅客消费—以推算结果计算—
     旅客人均消费明细—礼物—总结（澳门元）
—— 旅游及服务—旅游—旅客消费—以推算结果计算—
     旅客人均礼物消费明细—手信食品—总结（澳门元）

**图1-3　2010～2015年人均购买手信食品与
人均消费的比较（单位：澳门元）**

资料来源：澳门统计暨普查局网站（http://www.dsec.gov.mo）

由以上两个图表可以看出，2010～2015年来澳门的游客总数和人均消费金额总体呈上升趋势，2014～2015年略微下降，但是2014～2015年手信食品的人均消费却有明显上升。这说明，手信食品市场发展良好，并有很大的市场前景。

1.2　澳门手信食品业的市场情况

澳门手信食品业的产品主要有杏仁饼、鸡仔饼、老婆饼、蛋卷、糖果等糕点。除作坊式的家庭工作坊手工制作手信食品外，几家大品牌都使用了机器加工生产的方式提高产量，抢夺消费者，争取市场份额。

目前，澳门手信食品市场的份额分布极不均衡。据统计，创立于 1997 年的钜记饼家仅一家品牌在 2013 年 2 月市场占有率为 74.3%，其他品牌的市场份额比较小，与钜记相差悬殊（见图 1-4）。钜记饼家经过 20 年（截至 2017 年）的发展，在澳门拥有 21 间连锁分店、香港拥有 7 间分店以及新加坡拥有 1 间分店。钜记饼家在澳门自设厂房生产，员工人数超过 400 名，成为澳门手信业连续 13 年的销量冠军。钜记饼家首先开创给过往潜在消费者免费试吃，产品口味众多，有三百多款，店铺门口有手工制作演示，获得了消费者的好评。前几年投资拍摄的电视剧《巨轮》在香港 TVB 电视台上演，钜记品牌在港澳珠三角地区得到广泛推广。

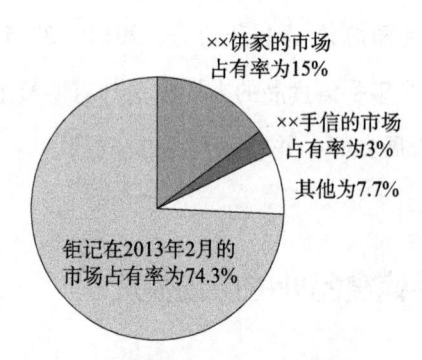

图 1-4　2013 年 2 月钜记的市场占有率

资料来源：澳门钜记饼家官方网站

第一章 绪 论

　　咀香园饼家创立于 1935 年,最初以炭烧杏仁饼、月饼出名,由 1999 年澳门回归时的两家扩展到如今 14 家分店,每年营业额有 10%~40% 的增长,目前是钜记饼家的主要竞争对手。

　　英记饼家创立于 1928 年,2014 年在被佳景集团收购后,对品牌重新定位,以"礼"的精神塑造新的品牌形象,对产品市场进行细分,并请香港艺人谭咏麟为品牌代言人,重新设计产品包装,以全新形象在澳门开设分店,截至 2016 年年底在澳门开设了 10 间分店。

　　从英记饼家提供的数据来看,2016 年 1 月与 2017 年 1 月相比,虽然来澳门的中国内地游客减少,但是购买英记的内地游客增加了 11%,并且韩国人增加了 4%,如图 1-5、图 1-6 所示。

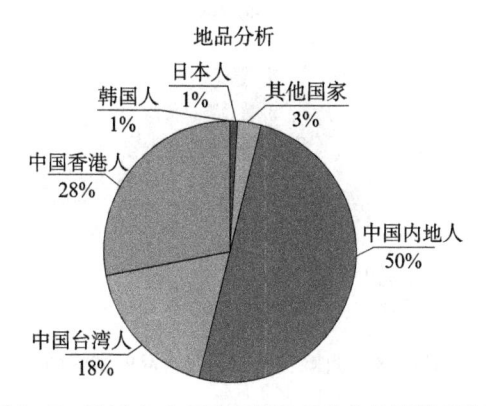

图 1-5　2016 年 1 月购买英记手信食品的游客比例

资料来源:英记饼家

7

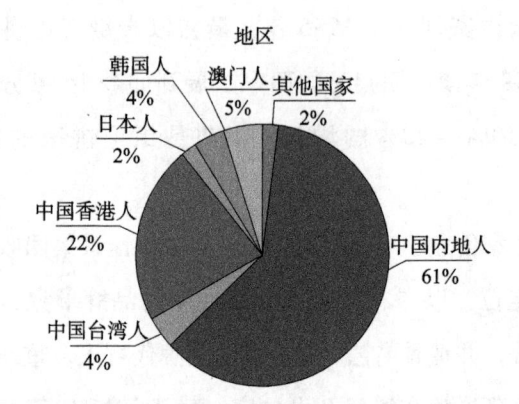

图 1-6　2017 年 1 月购买英记手信食品的游客比例

资料来源：英记饼家

从年龄构成来看，消费者年轻化现象明显，25~35 岁的消费者是购买最多的一类人群，如图 1-7、图 1-8 所示。

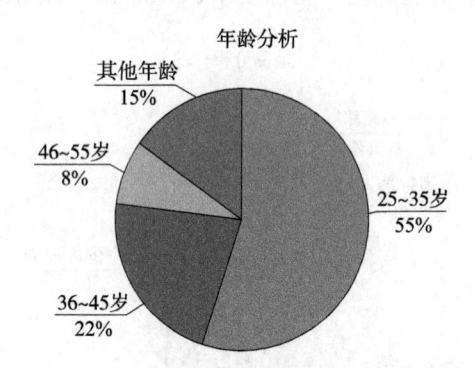

图 1-7　2016 年 1 月购买英记手信食品的游客的年龄构成

资料来源：英记饼家

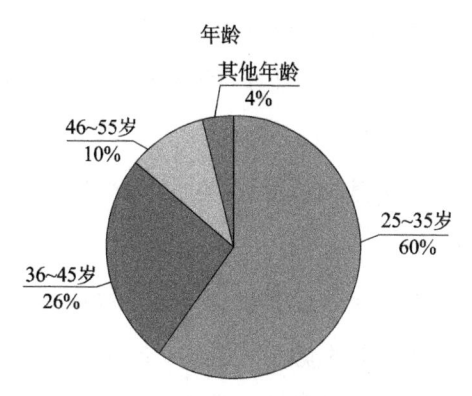

图1-8　2017年1月购买英记手信食品的游客的年龄构成

资料来源：英记饼家

创立于2004年的"十月初五饼家"品牌的总店位于澳门十月初五街，目前在澳门只有一家店，市场开拓主要在中国内地如珠三角城市的商场和大型超市，以及网络渠道如淘宝、天猫商城。因协助香港电视广播有限公司拍摄电影《十月初五的月光》，受到好评，"十月初五饼家"得到推广。

创立于光绪三十二年即1906年的晃记饼家位于澳门官也街，现传至第三代，可谓百年老店，店主坚持手工制作，但目前仅有一家店铺，铺面装修简单，是目前少有的保持手工制作的饼家。鸡仔饼、老婆饼、鲍鱼酥、红豆饼等产品受到广泛好评，晃记饼家经常是门前排长队，购买的人络绎不绝，直到当天产品卖完为止。

"最香饼家"是澳门本地人甚至香港人比较喜欢的手信食品品牌，香港著名美食家蔡澜曾经评价其为澳门最好的手信饼家。

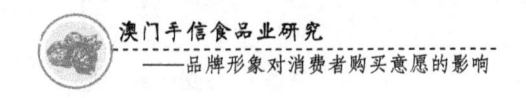

但因很少推广，外地游客鲜有人知。与晃记饼家类似，该品牌也没有扩张店面、规模经营、开分店争取较大市场份额的目标，企业背景和品牌资产差距悬殊。

还有一些手信品牌，主要集中在大三巴景点附近，如凤城手信、大三巴手信等。

具有悠久历史的老品牌都在20世纪创办，它们曾经是市场上的领导品牌，在早期的澳门手信食品市场占有重要的地位。在过去的几十年，这些老品牌凭借独特的加工工艺以及世代相承的经营理念而深受消费者的喜爱。然而，随着手信食品市场环境的改变，品牌之间的竞争愈演愈烈，很多老品牌固守传统工艺，不愿意创新，较少进行新产品的开发研究和形象推广，对市场的变化反应缓慢，导致发展滞后。虽然创业很早，但很多老品牌逐渐衰落，占有的市场份额很小，有的甚至退出了手信食品市场。

1.3 理论背景

旅游是一种体验式消费，购买旅游商品是旅游体验的一部分。理论研究表明，企业间的竞争实质上是一场争夺消费者的较量，消费者会从他们认为能够提供满意顾客价值的企业购买产品。品牌只有得到消费者的认同，才能在竞争市场上处于不败之地；如果产品和服务不能被消费者认可，企业就无法建立真正的竞争优势。文化背景不同、消费价值观不同的消费者对旅游商品的期望值有很大差异，消费者在选择旅游商品时的心理感受，是提升消费者购买意愿的重要依据。因此，从消费者行为的角度来研究旅游商品尤为重要。

激烈的市场竞争中，企业或厂商能否建立并且维持一个强大的品牌形象无疑是决定其成败的关键性因素，也是企业或厂商竞争力的一种体现（菲利普·科特勒，2003）。Kamins 与 Marks（1991）指出消费者对于他们了解的熟悉的品牌及品牌形象好的产品，会有较高的态度与购买意愿。Morwitz 与 Schmittlein（1992）认为意愿可以预测行为的产生，因此，消费者行为领域长期以来一直将购买意愿看作预测购买行为的关键变量。大量学者研究表明，购买意愿已经被证实是预测消费行为的关键指标，是消费者购买的主观倾向。

1.4 研究概念界定

1.4.1 旅游商品

根据我国国家技术监督局 1997 年 4 月 1 日发布的《旅游服

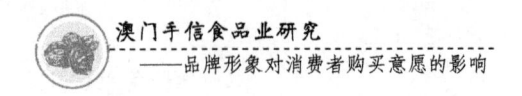

务的基本术语》在"旅游购物（Tourist shopping）"词义中的规定：这些商品一般具有纪念、欣赏、保值、馈赠意义或实用价值，主要包括旅游纪念品、旅游工艺品、旅游用品、旅游食品和其他商品五大类（琚胜利、陶卓民，2015）。

世界旅游组织规定：旅游购物支出是为旅游准备的以及为旅游过程中购买的消费品（不包括餐饮与服务）所花费的支出。中国国家旅游局每年出版的旅游年鉴与抽样调查报告采用"旅游商品"来反映"实物产品"状况（谢敏，2014）。钟志平（2005）指出旅游商品具有地方性和文化性。石美玉（2006）指出旅游商品具有文化性和经济性，旅游商品既是旅游者的经济消费品，又是文化消费品，是经济与文化的统一体。

大多数学者认为旅游产品主要是旅游过程中旅游者购买的服务产品，旅游商品和旅游购物品是旅游过程中购买的实物产品，旅游者是为了某些产品具有地方特色或价格优势或旅游活动必需而购买（谢敏，2014）。

本研究经过调查，鉴于澳门统计暨普查局将"手信食品"归于"旅游消费"统计指标下，并根据本研究的前期测试问卷发现很多消费者购买手信食品的目的是自己品尝或赠送他人。所以，本研究认为澳门手信食品具有旅游商品的属性。

1.4.2 澳门手信食品

"手信"，指人们通常出远门回来时捎给亲友的小礼物，并非按计划买来的大件或贵重商品，因信手捎来，故称"手信"（何文明，2014），在台湾称为"伴手礼"。"手信"的说法主要出现在粤港澳地区，而且主要是指手信食品，澳门统计暨普查局将"手信食品"作为"旅游购物"分类下的统计指标。因此，本研究认为澳门手信具有旅游商品的特性，并被很多来澳门旅游的游客购买，当作旅游纪念品留作纪念或赠送他人。

澳门手信食品的由来。据澳门咀香园饼家总经理黄若礼介绍，20世纪由于澳门与香港的往来客船，航行需要四个小时。来来往往的客人买些点心在船上吃，有些客人或许有意，或许无心多买些，回家时送给亲友，慢慢演化成澳门手信。到了20世纪七八十年代，澳门手信食品业慢慢发展起来。

澳门手信食品的知名品牌主要有钜记（创立于1997年）、咀香园饼家（创立于1935年）、英记饼家（创立于1928年）、十月初五饼家（创立于2004年）、晃记饼家（创立于1906年）、最香饼家（创立于1950年代），等等。

1.4.3 老字号品牌

本课题的研究目的是分析创立多年的老品牌为什么没能充分利用原有的知名度发展壮大，而创立20年的钜记占领了手信市场的大部分份额，为帮助老品牌建立良好的品牌形象，提升品牌的竞争力，为老品牌寻找可持续发展的道路，所以，本书界定的

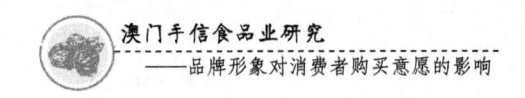

老品牌参照了商务部规定的"中华老字号"品牌的认定标准。吴水龙、卢泰宏和苏雯（2010）经过对"老字号"品牌命名研究，总结了老字号企业应具备以下条件：老字号企业应是经工商部门登记注册的经营年限应不少于50年的企业；应有良好商业信誉；应具有鲜明的地域文化特色；应有世代相承的独特的工艺、技能或经营特色。

参考学者意见以及商务部的认定标准，本研究界定的澳门手信老字号品牌的内涵包括以下几个方面：老字号品牌具有悠久的历史，经营年限在50年以上，具有良好的声誉；有世代相承的加工工艺、技能或经营特色；具有鲜明的传统文化背景和澳门特色。因此，本研究的对象包括由于各种原因尚未被国家商务部认定为"老字号"的一些澳门手信食品品牌，如咀香园饼家（创立于1935年）、英记饼家（创立于1928年）、晃记（创立于1906年）等。

需要说明的是，咀香园品牌在广东中山也有一家,由潘雁湘（女）始创于1918年，2006年被国家评为"中华老字号"品牌。咀香园牌杏仁饼获原产地（广东中山）标记注册证书，中山咀香园在澳门没有分店。由于本研究的手信食品店市场是在澳门，所以广东中山咀香园虽然为老字号品牌，但其不作为本研究的对象。

1.4.4 消费者

在经济学中，消费者和生产者共同构成了市场的两大经济主体，而消费者一般包括了购买者和使用者两个群体（陈建勋、于姝，2008；刘文波，2008）。陈建勋等（2008）认为消费者是一个具有共同消费偏好、共同消费习惯、共同需求特征的消费群体的统称，是一个群体的概念。

杨毅（2007）认为，根据产品或服务的顾客类型可以把商业市场分为产业市场和消费市场，产业市场是为商业顾客（通常是企业、管道或者各类经销商）提供成品或半成品的产业营销市场，而消费市场是为个人消费者或者家庭提供最终产品与服务的营销市场。另外，根据交易对象的特点，市场又可以划分为服务市场和有形产品市场。本研究过程中，为了避免研究范围过大带来的操作困难，所以把有形产品消费市场的消费者作为研究对象。

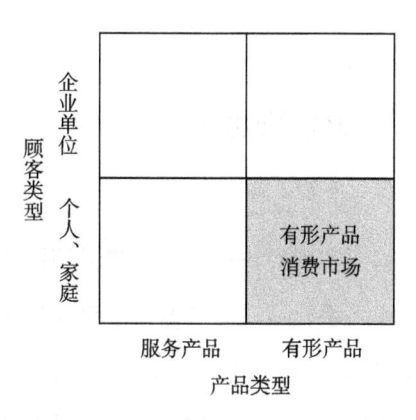

图 1-9　研究对象界定

资料来源：杨毅. 互联网渠道顾客感知价值研究 [D]. 大连理工大学博士学位论文，2007.

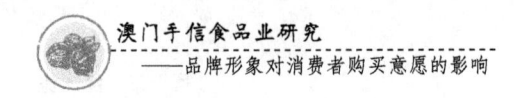

对于学术用词"顾客"是产业市场和消费市场的一个通用用语。在产业市场，顾客也可称作客户，在消费市场，顾客一般称作消费者（陈建勋等，2008）。因此，在回顾前人的研究时，出于遵从原文的考虑，使用原文的用语，所以在通篇行文中可能会出现顾客与消费者这两种基本用语，在此特作说明。

根据前文的统计数据以 2015 为例，来澳门的各国或地区旅客中，人数最多的是中国内地游客，其次是中国香港游客，其中中国内地、中国香港两地游客占来澳游客总人数 90% 左右。根据访谈和问卷预测试，澳门本地人也常常会购买手信食品。因此，本书所研究的澳门手信业的消费者主要是内地、中国香港以及澳门本地的消费者。

1.5 研究目的及研究问题

现阶段，澳门要实现经济多元化，提升国际竞争能力，就要从强势产业旅游业入手，通过旅游业适度多元化带动澳门整体经济的多元化发展（杨骏等，2011）。前文数据统计显示，澳门手信食品的人均消费逐年增长，但澳门手信食品业的品牌发展没有因为创办时间久远就占领较大的市场份额。相反，创办了 20 年的钜记饼家超过了创办了 82 年的咀香园和创办了 89 年的英记饼

第一章 绪 论

家等其他手信食品品牌的市场份额,是什么原因导致澳门手信食品老字号品牌占有的市场份额总共还不到30%？是什么原因导致澳门手信食品的老品牌创办早而发展缓慢？

在旅游商品市场中,游客对旅游地商品市场的信息不对称,有知名度、有良好声誉的品牌可以使游客节省搜集信息的时间和精力成本,降低购买风险。老字号品牌具有鲜明的传统文化背景,它们拥有极具特色的加工工艺和世代相承的经营理念。老字号品牌本身代表一种质量、一种信誉、一种形象。

老字号品牌具有很深的文化底蕴,同时与过去那个时代紧密相联,很容易带给消费者一种"过时的""不合时宜的"印象,降低了消费者心目中的品牌形象（许衍凤,2015）。基于此,很多学者提出老字号品牌需要创新发展,要提升老字号品牌的形象,提升消费者的购买意愿。对于企业来说,如何塑造、选择、管理一个界定明确的品牌形象？如何影响品牌形象在消费者心目中的知觉反应,塑造符合消费者心目中期望的品牌形象呢？

因此,本书的研究目的之一：为澳门手信食品业的品牌形象进行测量,研究适合澳门手信食品行业的品牌形象的构成及测量量表。

研究目的之二：研究澳门手信食品行业品牌形象对购买意愿影响机制的理论模型；研究品牌形象对消费者购买意愿的影响

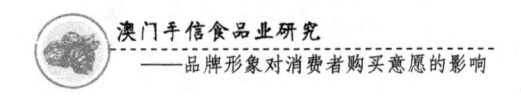

机制。

研究目的之三：分析不同消费者对澳门手信食品的品牌形象的喜好及其原因。

研究目的之四：占市场份额低的老字号手信食品企业如何通过提高品牌形象增加消费者的购买意愿，提升竞争优势，使品牌能够持续发展。希望通过本研究能为改善该市场现状提供理论依据和实践指导。

综上所述，结合对理性行为理论模型的研究，本书引入品牌形象、态度、面子意识、行为一致、购买意愿等概念构建并预测澳门手信食品消费者购买意愿的综合模型。立足澳门手信食品业品牌形象的多维性为前因变量，以态度、行为一致等为中介变量，探讨它们对消费者购买意愿的影响路径。

1.6 研究意义

品牌竞争已成为企业间相互竞争的有效手段，它可以赋予企业产品溢价能力，保持企业稳定持久的竞争力。企业通过品牌塑造形象，向消费者传达企业品牌的相关信息，使消费者形成对品牌和企业的认知；消费者也能通过对品牌的认知，判断购买风险、建立购买信心，甚至获得额外的心理回报（刘凤军、王镠莹，2009）。因此，对于企业来说，设计生产令消费者满意的产品，塑造良好的品牌形象，并通过有效的品牌传播手段，使消费者对品牌产生积极的态度并吸引购买，是品牌管理的核心任务。

一般的购物行为决策过程是由企业通过一定方式将信息传达给消费者，并由消费者对产品的相关信息进行搜集和筛选，再酝酿成购买动机，最后转化为购买行为，如果消费者对购买前的心理预期与实际获得的收益相近，将会对这次购买活动作为下次购买行为的参考。Bauer，R. A（1960）认为，任何一次购买活动都无法知道其预期的购买决策是否正确，结果是否令人愉快。所以，消费者购买决策中隐含着对购买结果的不确定性。感知风险理论认为，只要处于产出和结果不确定的情景，风险就会产生（赵宝春，2016）。大量研究证实，由于消费者有规避风险的倾向，所以，消费者一旦感知到风险的存在，其行为意愿就会受到抑制。

大量学者证实良好的品牌形象可以降低消费者的购买风险。在消费者购买决策过程中，品牌形象承担了重要的角色与功能，它们是品牌代言物与消费者个体之间的沟通工具（许衍凤，2014）。随着市场的发展，各个企业所生产的产品在功能、质量、生产成本等方面的差异性变小，新的品牌与老品牌在产品类别和产品质量等领域差别缩小，产品同质化日益严重，而在全球化和信息化的发展趋势下，消费者对产品的搜索渠道越来越多，市场信息越来越透明，企业不仅面临日益激烈的市场竞争挑战和越来

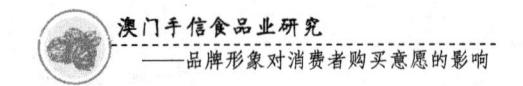

越挑剔的消费者，仅仅通过对产品属性的差异化塑造品牌的形象变得更难。Fuat、Dholakia与Venkatesh（1995）认为，在消费者的购买行为中，真正具有价值的不是产品而是其品牌形象；真正被企业或厂家销售出去的不仅仅是产品，更多的是包含了产品价值的品牌形象。

塑造良好的品牌形象，提高消费者购买意愿成为企业盈利的关键，这一点已经达成企业管理者和学术研究者的共识。本研究以澳门手信食品业老字号品牌企业为样本，并通过实证分析对量表的内部一致性信度、效度进行检验。探讨澳门手信食品业品牌形象各构成因素的权重，预测消费者的购买意愿，提高企业营销活动的绩效，为企业制定有竞争力的发展战略及营销活动提供依据。

本研究有助于澳门手信食品老字号品牌经营者把握提升消费者购买意愿的关键因素，构建老字号品牌自身的品牌竞争优势。市场环境不断变化，消费者的需求也会迅速变化，企业要想在市场竞争中获得主动权，必须要把握市场的脉搏，及时了解消费者的变化趋势，预测消费者行为。只有站在消费者的角度看待问题，才能使生产的产品符合社会和消费者的需要，使老字号品牌保持持续的竞争优势。

1.7 研究流程及文章结构

1.7.1 研究流程

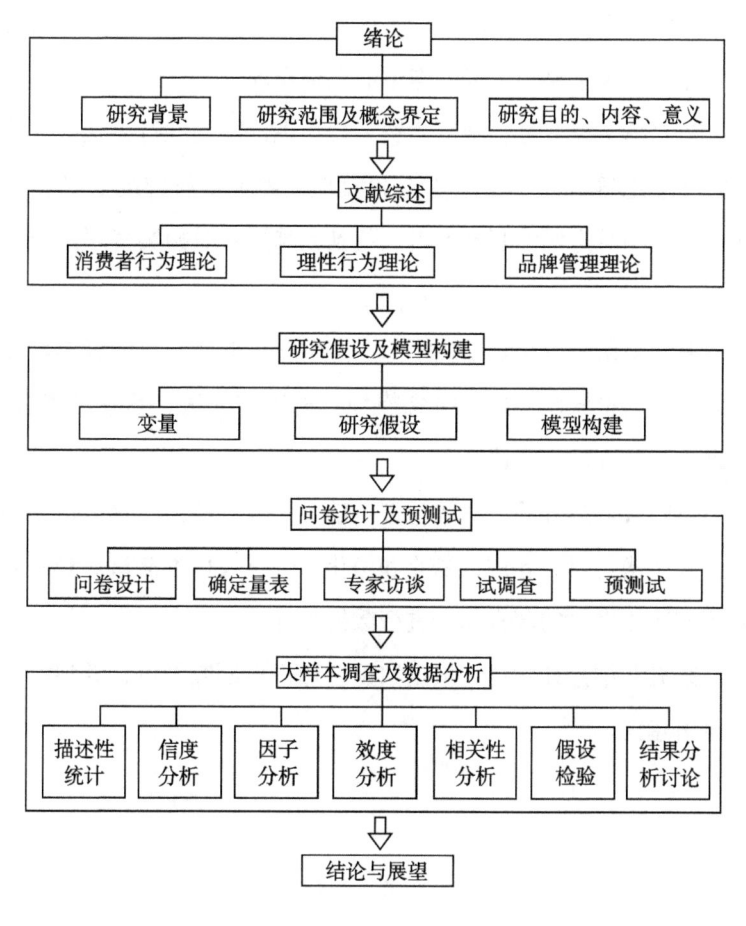

图 1-10 本课题研究流程

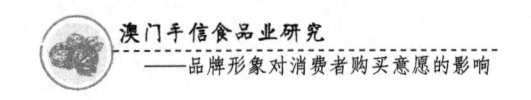

1.7.2 文章结构安排

第一章绪论，主要介绍选题的背景与意义，即如何发现这个选题和为什么选择这个题目，本次研究的目的与内容，拟采用的研究方法与技术路线，以及本书的谋篇布局。

第二章文献综述，结合消费者行为理论、理性行为理论、品牌管理理论等，经过文献探讨和梳理，界定本研究的定义和构成，厘清购买意愿的驱动因素，找到品牌形象对购买意愿影响的中介变量。

第三章研究方法，根据第二章文献综述的研究，明确本研究的问题及理论假设，建立概念模型；利用访谈法、问卷调查法、数据统计等方法进行研究。

第四章数据分析，对问卷进行信度、效度检验、预测试，经过专家访谈后对问卷进行修改和净化，进行大样本测试。利用回归等方法对发放的调查问卷进行数据统计。

第五章结论和建议，根据数据统计得出研究结论，并根据结论给出建议。

第二章 文献综述

2.1 相关概念评述

2.1.1 品牌

Aaker（1996）认为："品牌就是产品、符号、人、企业与消费者之间的连接与沟通。品牌是一种消费者能亲身参与的更深层次的关系，一种与消费者进行理性与感性互动的总和。"Keller（1998）对品牌的定义是：品牌是一种产品，然而这种产品从满足消费者需求的角度使原有产品区别于竞争者的产品。琼斯等（1999）把品牌定义为：能为消费者提供其认为值得购买的功能利益或附加值的产品。Kotler（2003）在其著作《营销管理》中

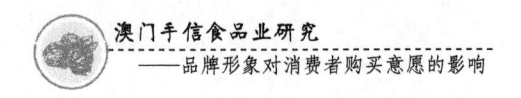

将品牌定义为:"品牌是一种名称、术语、标记、符号或设计,或是它们的组合运用,其目的是借以辨认某个销售者或某群销售者的产品或服务,并使之同竞争对手的产品和服务区别开来。"

以上国外学者从与消费者关系、产品、符号的角度给品牌定义,说明"品牌的本质是与目标消费者达成长期的利益均衡,从而降低其选择成本的排他性品类符号(仇立,2015)"。

我国学者李业(2011)总结了品牌内涵的发展历史,将品牌内涵的扩展划分为品牌作为区别标识、品牌作为认知形象、品牌作为承诺信仰三个阶段。品牌的意义随着这三个发展阶段不断丰富和深化,现在的学者普遍倾向于从消费者需求的角度综合地看待品牌的丰富内涵。

产品是品牌的基础,品牌在消费者心目中建立的个性、形象、联想、情感利益等是基于产品本身的属性、功能、利益。因此,品牌以产品为核心,产品属性通过满足消费者的某种需求又构成了品牌的非产品相关的内涵(万晓,2007)。

2.1.2 品牌形象

Park 等(1986)学者指出,为了满足消费者需求,企业管理者应该为品牌赋予一个总体抽象的"品牌概念",这个概念或者是功能性含义,或者是象征性含义。品牌形象随着品牌的产生而产生。品牌形象是人们对品牌的总体感知,它作为认知概念时消费者信息加工过程中的重要组成部分（Blawatt，1995）。企业品牌管理的核心是塑造消费者心目中正面的品牌形象，以达到增强品牌竞争力、实现企业营销目标的目的（江明华、曹鸿星，2003）。

现有文献中，基于消费者心理要素的视角研究品牌形象处于主流地位。很多研究者关注消费者对品牌的心理反应，如 Herzog 认为品牌形象是品牌在消费者心目中"印象的总和"（寿志钢，2007）；Park 等（1986）把品牌形象定义为消费者对品牌的"理解""知觉"或"评价"。

一些研究者认为同类产品中的每个品牌对于消费者来说，都有着不同的意义，因此消费者将各个品牌区分开来。Kotler（1997）认为消费者对某一特定品牌所持有的信念称为品牌形象，消费者可能会因为个人经验、选择性认知、选择性扭曲、选择性记忆的效果而对某一品牌的信念有所不同，并用以区别不同竞争者的产品。

Noth 认为对于消费者而言，产品或品牌所代表的意义就是品牌的形象（王长征，2007）。Levy（1959）、Cova（1996）、Wattanasuwan（2005）等学者认为消费者有时会为了产品或服务所带来的象征性的意义，把产品或服务作为一种象征物来购买和消费。商品可以看做是一种无形的文化或象征意义的"物化"形式（McCracken，1986）；它是消费者进行自我建构和表达时的最重要的象征性资源（Arnould & Thompson，2005）。Firat 与

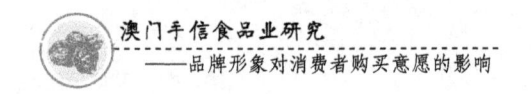

Venkatesh（1995）、Meenaghan（1995）、Jamal 与 Goode（2001）、Litvin 与 Kar（2004）等很多学者强调的是品牌作为象征或符号所传达出来的与消费者的自我形象相关的某种意义。

"品牌资产"的概念提出来后，有一些学者采用整体性角度来阐释品牌形象。比如，Biel（1993）将品牌形象定义为消费者记忆中关于品牌的各种联想的总和，将消费者对品牌的联想活动分为公司层面联想、产品或服务层面联想和使用者层面联想。Aaker（1997）阐述品牌形象为消费者对品牌的联想，将品牌联想划分为产品质量等十一种特性。

Keller（1993）探讨品牌形象特性，主要分为品牌联想的形态、品牌联想的强度、品牌联想的喜好度及品牌联想的独特性。品牌联想形态又分为属性、利益和态度。属性，是区分产品或服务的物理特性；利益，是消费者对产品或服务属性所赋予的个人价值及意义，也是消费者认为该产品或服务所具有的功能，及它所呈现的更广泛的意义；态度，是消费者对该品牌的整体评估，是形成消费者行为的基础。

王长征、寿志钢（2007）对西方学者的品牌形象理论进行研究，根据学者们所强调的研究重点将品牌形象区分为：分别强调心里要素、意义、自我意义、个性四种类型，其中基于消费者的心理要素来界定品牌形象概念的研究一直处于主流，特别是 20 世纪 90 年代以来，越来越多的学者把品牌形象看作消费者记忆中的有关品牌的联想或者知觉。

总观国内外品牌形象概念的发展，从品牌名称到品牌的产品质量再到象征意义，品牌形象承担了不同的角色与功能。根据上述文献，本研究将品牌形象定义为消费者对品牌的印象或消费者对某品牌产品属性所持有的知觉概念，也是与品牌名称相连结的品牌联想与属性的总合。品牌形象是消费者对品牌的综合评价与感知，是消费者在品牌传播过程中对个人接收到的品牌信息经过个人的选择和吸收，形成对品牌的记忆等综合感知，是品牌代言物与消费者个体之间的沟通工具。

2.1.3 品牌形象的模型及评述

（1）Park（1986）品牌形象模型

Park（1986）以消费者的利益为基础，将品牌形象划分为功能性形象、象征性形象、经验性形象。功能性品牌形象强调满足消费者使用上的需求，帮助消费者解决现有问题或潜在问题的能力；象征性品牌形象，强调满足消费者期望的角色、满足消费者自我形象的提升、角色定位、群体融入、自我认同等。经验性品牌形象，强调满足消费者内在多样化的需求，提供消费者感官上的愉悦和认知上的刺激需求（Hankinson，2004）。

（2）Biel（1993）品牌形象模型

Biel（1993）提出品牌形象可以通过产品或服务自身形象、公司形象和使用者形象三个要素体现，消费者对品牌相关特性产生的联想在一定程度上形成了品牌形象。品牌联想又分为"软性"因素和"硬性"因素。软性因素侧重对品牌的情感归属和忠诚,这种情感归属越来越成为消费者区分品牌的重要因素;而硬性因素一般是对产品的外形、功能等属性的认知。

(3) Aaker(1997)品牌形象模型

Aaker模型是现有模型中涵盖品牌形象维度最多的。他认为品牌形象是对这一品牌所展开的一系列联想,如产品的特性、产品的质量、产品的类别、竞争对手、使用者、生活方式与个性、用途、价格、社会名流与普通人及国家或地区十一个类型。这些不同的品牌联想类型就成为Aaker品牌形象测量模型的维度。

(4) Keller(2003)品牌形象测量模型

Keller(2003)认为消费者是通过品牌联想来感知品牌形象的,品牌联想决定了品牌在消费者心目中的地位,所以应该从品牌联想的角度来测量消费者对品牌形象的感知情况。

Keller(2003)提出品牌形象是品牌资产的核心要素,它由品牌联想的类型、强度、美誉度、独特性四个维度组成;其中品牌联想的类型又分为品牌属性联想、品牌利益联想和态度联想三方面。与产品相关的属性指消费者寻求的与完成产品或服务功能必需的产品要素,也就是产品的物理属性;与产品无关的特性包括价格、包装、使用者情景形象、使用情景形象。

(5) 罗子明（2001）的品牌形象模型

罗子明（2001）从形象设计和消费者行为这两个角度将品牌形象的构成维度划分为五个方面：品牌认知、品牌联想、产品属性认知、品牌价值和品牌忠诚。品牌认知是消费者对商标、品牌、企业名称等方面的辨别和熟悉状态；品牌联想是指消费者用词语联想的方式表达对某个品牌联想到的感受和特征；产品属性的认知则是对产品质量和功能构成等自然特征的认知；品牌价值的测量通过消费者的主观的价值判断和价格承受力等指针来表示；品牌忠诚在测量中一般使用消费者的购买习惯、向他人推荐等指标，最终通过消费者购买行为表现出来。

以上研究可以看出，国内外许多学者从不同的研究角度提出了品牌形象的模型及构成要素。模型被认为对得出构成概念的要素有重要作用，T. Lunn 认为有效模型应该满足三个条件：模型能够提供概念对行为影响的理解、模型合成了几个不同的概念、模型的出现使得交流更为容易，有效模型能够详细说明一个体系中的关键要素及它们之间的关系（江明华等，2003）。按照这个原则，模型必须包括构成品牌形象的关键要素，并且模型要系统、简单、直观、容易理解（关辉、董大海，2007）。

由于学者研究角度不同，以上几种模型分别从不同的角度对品牌形象的测量进行了研究。鉴于本文研究的行业是手信食品业，根据第一章笔者界定的澳门手信食品的定义和特性，这个行业的产品一方面具有满足消费者食用的功能，另一方面澳门手信

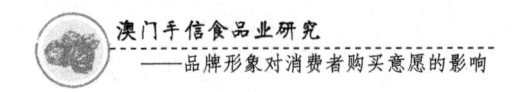

食品作为旅游商品还兼具作为礼品赠送他人的功能。Laurent 与 Kapferer 指出消费者主观认为产品除了使用功能外，对个人还具有象征意义或是符号价值，即产品所代表的社会价值（陈伟等，2013）。Batra 与 Ahtola 认为，消费者购买产品并执行消费行为主要是基于两个基本属性：一是实用性，二是满足情感需求。尤其对礼品来讲，由于受到地方风俗和文化的影响，礼品具有很强的符号性，即象征性功能（Wolfinbarger，1990）。品牌形象代表了消费者对品牌的总体感知，是依据消费者有关品牌的推断形成的，这种推断基于外部的刺激或者想象，是消费者从经验中形成的对产品的信念（亨利·安塞尔，2000）。

基于以上对品牌模型的研究和对本文行业特点的分析，本研究中品牌形象的构成维度以 Park（1986）等学者从消费者需求的角度提出的模型为基础，品牌形象包括功能性形象、经验性形象、象征性形象三个维度。澳门手信食品品牌的功能性形象，强调消费者购买的手信食品能够满足消费者对手信食品实际功能的需求，如食用、送礼等需求。澳门手信食品品牌的经验性形象，与消费者购买产品的感觉有关，强调消费者购买品牌的手信食品能够满足消费者知觉上及认知上的需求，如消费者追求生活多样化、消费者感官上的愉悦及认知上的刺激等需求。澳门手信食品品牌的象征性形象，强调消费者购买品牌手信食品能够满足消费者个人的内在需求，如消费者自我形象的提升、群体融入、角色定位、自我表达等需求。

但是本研究认为,除了上述品牌形象的三个维度以外,还应该结合澳门手信食品行业自身的特点进行深入分析。

本研究认为,当澳门手信食品作为澳门非常具有特色的礼品赠送他人时,手信食品具有符号一样的象征意义,象征了澳门的文化。从这个角度来讲,手信食品被当作澳门的一种文化符号被消费者作为礼品输送出去,成为澳门文化的象征之一。根据 Park（1986）的研究,作为品牌形象之一的象征性形象,是从消费者需求的角度出发,品牌的象征性形象源于消费者对自我形象的提升和表达等需求。而具体到澳门的手信食品行业,来购买的大多数消费者是游客,游客对澳门的手信食品业并不是非常了解,在对企业信息不对称的情况下,消费者会打听哪一个品牌的手信食品最好,这时声誉良好的手信食品品牌更容易被选择。

杰弗里与兰德尔（1998）认为人们不仅关心产品本身的特点,而且越来越注重产品提供者的情况,优秀的企业其形象为产品销售提供了保障。生产澳门手信食品的企业不同于一般的食品企业,如前文第一章所述,一些企业有几十年甚至上百年的历史。创立于光绪三十二年即 1906 年的晃记饼家至今有 111 年的历史；创立于 1928 年的英记饼家有 89 年的历史；创立于 1935 年的咀香园饼家有 82 年的历史；创立于 1997 年的钜记饼家至今有 20 年历史；创立于 20 世纪 50 年代的最香饼家有五六十年的历史。这些老字号的手信食品企业,具有世代相传的工艺、技法或经营特色,并且经营多年,有良好的声誉。因此,本研究认为

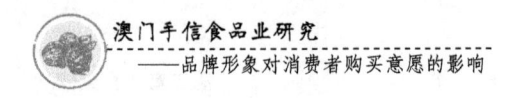

澳门手信食品生产经营的企业形象——声誉性形象应该作为一个独立的维度，成为澳门手信食品业的品牌形象的第四个维度。

总结以上学者的研究并结合本研究的行业特点，澳门手信食品业品牌的形象分为功能性形象、象征性形象、经验性形象、声誉性形象。

2.1.4 态度

早期的很多社会心理学家都对态度的概念进行了界定，其中最具影响力的就是 Allport，他从行为学派的角度将态度定义为一种生理的和神经状态，这种状态通过经验组织起来，对个体和别人的行为起动力性和指导性作用（Allport，1935）。他提出态度是个人或社会群体对其他人或事物的评价与心理倾向。Krech 与 Crutchfield（1948）从格式塔心理学派的角度把态度定义为，反映个体内心世界的动机、情绪、知觉、认识等心理过程的持久的组织。

Fishbein 与 Ajzen（1975）认为态度是一种学习倾向，根据这种学习倾向，个人针对观察体产生情感或做出评价，而情感或评价是由个人对观察体产生的信念中比较显著的信念决定。Schiffman 与 Kanuk（1994）则提出态念是指一种经由学习而产生的心理倾向，这种倾向是针对某主体的一种持久性评估。Kotler（2000）认为态度是指一个人对某些事物或观念存有一种持久性的喜欢或不喜欢的评价、情绪性感觉及行动倾向。很多心理学家认为，态度是表示对客体（或行为）属性特征（如好与坏、有害与有利、欢乐与悲痛、喜欢与厌恶）所做出的赞同或评价的心理倾向（Ajzen & Fishbein，1980；Eagly & Chaiken，1993；Petty & Krosnick，2014）。

在更广泛意义上态度是建立在认知、情感反应、行为意向以及过去行为基础上的评价倾向性，这些都可以改变人们的认知、情感反应、行为意向和未来的行为（Zanna & Rempel，1988）。社会心理学认为，态度的强度是影响态度与行为一致性的首要因素，即强度越高，态度与行为越一致（宋明元，2014）。

尽管学者们对态度的认识不尽相同，但是可以看出态度是后天习得而产生的心理倾向，态度基于个人对事物的认识，并会影响个人的生活等社会行为意向及行为本身。本研究中的变量之一态度是指消费者在认知手信食品品牌的基础上，对品牌的情感和行为倾向。

2.1.5 购买意愿

行为意向是指个体实施某种行为的主观可能性（Fishbein & Ajzen，1975）。很多学者认为，人们对某事物持赞同态度越强烈，就越倾向于对该事物采取积极行动；反之，则倾向于采取消极行动。意向被看作一种特殊的信念，信念的客体是人本身，信

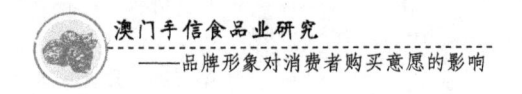

念的表达则通过行为的实施来完成，行为意愿是个人实现某一行为的倾向，对行为的实现起到决定性作用（Fishbein & Ajzen, 1975）。

按以上概念延伸，在消费者行为领域的研究中，Mullet 认为，消费者对某一产品或品牌的态度，再加上外在因素的激发作用，就构成消费者的购买意愿，而购买意愿可以被视为消费者选择特定产品的主观倾向，并被证实可以作为预测消费者行为的重要指标（王大海，2009）。Aggarwal（2004）提出行为意愿是个人为了实现某种行为而有意识地主动争取，具有显著的个人动机。Kapferer（2012）将行为意愿定义成个体实现某一行为的主观可能；Jahn 与 Kunz（2012）认为，行为意愿是个体实现某一行为的概率和提前估计。Cooke 与 French（2008）认为行为意愿是个人实现某一行为的倾向，对行为的实现起到决定性作用，也是所有行为在实现过程中的先前因素（邱玮珍，2006）。Spears 与 Singh（2004）认为，购买意愿是消费者购买某种商品或服务的主观概率，当消费者对某种商品或服务的印象达到满意时，便会产生购买意愿。

综合各方面的看法，本研究采用 Dodds 等（1991）的定义，将购买意愿定义为消费者愿意采取购买行为的概率，或者有购买、或试图购买产品、或服务的可能性。

2.1.6 面子意识

西方学者 Goffman（1955）认为面子是个体在特定的社会交往过程中极力主张的正向社会价值，也是其他人认为该个体所具备的社会价值。美国汉学家费正清等（1994）认为对中国人而言，面子是一种社会性的产物，个人尊严将从适当的行为及社会赞许中获得。"失去面子"则是由于不能遵照行为的法则，以致在别人看来处于不利的地位。海外的华裔学者成中英（2006）对面子的观点强调关系、价值以及儒家文化的影响，他从主观的角度分析，面子体现的是与社会关系及与社会相关的个体自身的重要性和自尊价值；从客观的角度分析，他认为面子是指个人被相同社会中的成员认可的社会位置。

在对面子的跨文化研究中，Bao 等（2003）针对中国和美国大学生的消费行为进行研究，发现中国消费者比美国消费者更有面子意识；Li 与 Su（2007）研究发现中国的消费者比美国的消费者更容易受到产品品牌、声望动机和参照群体的影响；Hoare 等（2011）归纳出中国消费者在国外餐厅用餐时最重视的因素中最看重面子，其次是和谐和信任，面子是个人形象、群体归属、社会地位的体现。郭晓琳等（2015）认为人们对面子的认同和追求在西方社会同样存在，而不是中国社会特有的现象，但是在儒家文化占主导的社会更为突出。

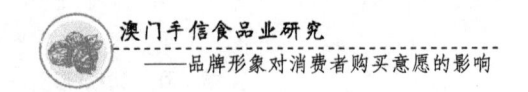

对中国人的脸面观研究做出开创性研究的是胡先晋，她以人类学的方法对面子的历史、阶层属性等做了比较完整的阐述，成为面子研究的学术源头（郭晓琳、林德荣，2015）。朱瑞玲（1983）认为面子知觉指个人因某种社会回馈而觉察到的自我心像，个人感到失面子后会产生面子整饰行为，即使没有丢面子，个人给自己增添越多的面子就会拥有越多社会赞许的价值，个人的社会影响力也就越大。

基于以上学者的研究，本研究中的面子意识，更倾向于成中英的定义，是指在营销学领域消费者通过消费活动展示自我形象以及获得社会或群体的赞赏或认同，强调个人在社会中的声望、地位。

2.1.7 群体一致意识

Deutsch 与 Gerard（1955）将群体一致意识分为信息性和规范性两类。信息性群体一致行为是指为了形成对现实的正确解释，在既定情境下使行为更加有效，从而听从他人意见。消费者受他人的影响是理性的，是面对有限信息形成对客观现实正确判断的有效方式；规范性群体一致行为是指个体为了避免惩罚或者获得奖励，希望能够满足群体的期望而听从他人的意见（朱瑞玲，1988）。

Cialdini、Kallgren 与 Reno（1991）认为群体一致的动机还包

括维护良好的自我概念，尽管信息性和规范性群体一致的动机在概念上是相互独立的，但是它们在理论和实证上又相互联系。Pool 与 Schwegle（2007）提出人们服从群体规范有准确、自身相关和他人相关动机 3 个动机。当准确动机形成时，人们会因为他们认为他人的行为是合适的、成功的而服从群体规范，特别是在不确定的情况下，人们会向社会、向他人寻找信息来确定应该如何做；当自身相关动机产生时，人们会因为采取相应的行为能得到社会的认同而服从群体规范；当他人相关动机产生时，动机根源于他人和他人可能带来的惩罚或奖励的结果。

Lascu 与 Zinkhan（1999）认为人们通过服从来实现规范影响，一个人为了从他人那里得到好的响应而接受群体的影响，人们通过接受与自己的价值体系相符合的信息来接受信息的内化影响来最大化自己的价值。Contrada 等（2004）对群体一致的定义是，人们对自身所在群体对自己行为的期望所感受到压力的情感体验。李东进等（2009）认为在中国种注重和谐的文化中，群体压力会更容易影响个体的行为意向。

在总结众多学者观点的基础上，本研究对群体一致做出界定：人们为了在群体中产生归属感、规避不确定性，避免自身的决策失误所带来的损失，在心理和行为上受到群体影响的一种情绪体验，是人们对自身所在群体感到被期望的压力的一种心理感受。

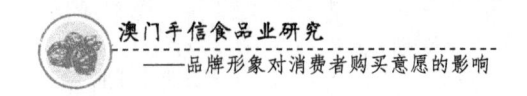

2.2 理论评述

2.2.1 品牌管理理论

品牌管理的研究在20世纪30年代就大量展开，并逐渐形成一套完整的理论体系，20世纪60年代戴维·奥格威提出的品牌形象论、70年代里斯的定位论都对品牌管理的发展起到促进作用（万晓，2007）。1989年，西方管理理论界专家Aaker等人将"品牌"扩展为"品牌资产"，成为建立强势品牌的工具，推动品牌建立进入新的阶段。

传统的品牌管理理论随着品牌发展的实践展开，企业希望通过对名牌企业经验的研究，找到企业成功的秘诀，并作出总结和理性判断。以Kotler（1985）为代表的美国营销专家对市场营销四大要素之一产品进行了研究，认为品牌管理要将品牌作为产品区别于其他产品的标志，管理产品就是管理品牌。随着理论研究的发展，Keller（2003）从战略的角度对品牌管理做了系统的研究，对品牌资产的建立和管理做了深入分析。为了探索品牌管理的有效方法，了解消费者对品牌选择的影响因素，很多学者从产品的包装、价格及消费者的偏好、个性等方面做了大量研究。

品牌管理的研究出现新趋势。品牌涉及的要素非常广泛，如产品、技术和服务的水平、企业文化、品牌设计和企业营销活动、组织战略等，要提高品牌竞争力，形成品牌竞争优势，就要全面有效地整合企业资源（陈洁，2002）。品牌管理不再只是营销部门独立担当的、隶属于产品管理的一个单一功能，它逐渐涉及到企业运营的各个层面，也贯穿于整个商业流程，发展成为一种管理体系。目前品牌管理已经发展为以顾客为组织架构的依据，而不再以区域或产品线来架构企业组织，品牌关系管理成为越来越重要的内容（万晓，2007）。

2.2.2 消费者行为理论

（1）消费者行为的定义

消费者行为理论是专门研究消费者行为特点及产生该行为特点原因的理论，它所研究的主要内容是消费者的购买决策过程、消费者的行为模式和影响消费者行为的因素分析（李华敏，2007）。

许多学者从不同的角度对消费者行为进行了定义，如Walters 与 Nicos（1963）提出，描述消费者在特定时间或一段时间内所采取的选择行为与购买行为；Vyas（1983）认为消费者行为分为取得和使用产品和服务的活动、在决定采取这些活动前的

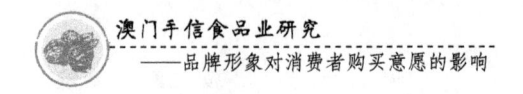

决策过程、从这些活动过程中所取得的持续而有影响的经验；Kotler（1995）认为消费者行为是个人、群体与组织如何选择、购买、使用以及处置产品、服务构想以及经验以满足需求；Kenneth（2000）提出消费者行为是个体、群体和组织为满足其需要而如何选择、获取、使用、处置产品、服务、体验和想法，以及由此对消费者和社会产生的影响（Demirdjian & Senguder, 2004）。

虽然不同的学者因研究角度不同而对消费者行为定义的表述有所不同，但多数学者都认同消费者行为是围绕着如何获取产品或者服务而作的决策及购买行为。因此，行为研究的主体是消费者，消费者行为研究的核心是更好地获取产品服务价值。

（2）消费者行为模式

在消费者行为的领域中，一些学者研究出很多模式，其中以Kotler等人在1999年提出的"刺激—反应"模型是了解消费者的起点。消费者所接受的刺激包括营销的4P——产品、价格、渠道、促销，其他的刺激包括环境刺激，即经济、科技、政治、文化等（Kotler & Tan, 1996）。这个模式说明营销及环境刺激进入消费者的意识、透过消费者的差异及决策过程，产生了购买行为。营销人员的任务是了解外在刺激对消费者意识和购买决策的影响。

EKB模式是由Engel等（1995）在"刺激—反应"模型的

基础上提出的,他们认为该模型是消费者行为的一种决策程序,这个程序分为五个阶段:信息接收、信息处理、方案评估、购买决策、购后行为。消费者接受到外在环境的刺激产生了购买需求,再根据现有的记忆和外部的信息来源寻找相关信息并转化为行为的各项态度,这些态度在进入评估程序后,消费者会形成特有的信念。消费者将根据消费信念来执行消费行为,这个模型就是解决问题的过程,其中决策过程为EKB模型的核心部分。

Howard(1994)主张结合品牌营销的观点来解释购买行为,他认为品牌认知、态度、信心共同构成了消费者行为。其中强化品牌认知可以助长消费者对品牌的态度和信心,而消费者对品牌的喜好程度和信任强度会直接影响他们的购买意愿和购买行为(邱玮珍,2006)。

消费者行为理论的任务一方面要了解消费者特性,它影响购买者对于刺激的认识和反应;另一方面还要研究购买者的决策过程,它影响购买结果(李华敏,2007)。

(3)消费者行为的影响因素

Kotler在消费者行为理论的研究中认为,影响消费者行为的主要因素有文化因素、社会因素、个人因素、心理因素。文化因素包括文化因素、亚文化因素和社会阶层因素等;社会因素包括参考群体因素、家庭因素和消费者的角色、地位因素等;个人因素包括消费者的年龄与生命周期阶段、消费者的职业、所处的经

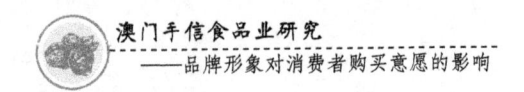

济环境、消费者的生活方式、消费者的人格与自我概念；心理因素包括购买动机、消费者的知觉、属性、学习、信仰与态度等（Kotler 等，1996）。

从旅游营销学的角度看，影响消费者行为的因素可分为直接观察的影响因素和推论的影响因素（Lu 等，2007）。可直接观察并加以测量的影响因素包括人口统计因素、营销组合因素及情境因素；推论影响因素指的是无法直接观察，由推断来认定影响力的因素，基于消费者本身对行为的信念，且信念会长期和持续影响其行为的发生与重复（Higgins，2002），它包括心理因素、社会因素及社会文化因素。这些理论都比较好地从不同角度对消费者行为进行了解释。近年来，在各种消费者行为理论中，影响较大的是 Fishbein 与 Ajzen 提出的理性行为理论。

2.2.3　理性行为理论

Bagozzi、Baumgarten 等很多学者经过论证后指出，行为意愿与实际行为之间存在着密切的联系（Prochaska，2013）。Fishbein 理性行为模型被提出的初期，主要用于对具有普遍意义的感知和行为关系的研究，大多是针对实体商品进行品牌选择方面的研究。到 20 世纪 90 年代初期，这一理论被广泛应用于医疗、健康等领域的消费者行为研究，以解释消费者对产品的购买意向，大量应用研究表明，理性行为理论对行为有很好的解释和预测能力，对行为意愿的测量具有较好的适用性（Miniard & Cohen，1983；Ryan & Bonfield，1975；Oliver & Bearden，1985；Han & Kim，2010）。

（1）理论内容

理性行为理论（The Theory of Reasoned Action，TRA）的主要内容是：个体的行为受到其行为意愿的影响，而行为意愿又取决于态度和主观规范。行为意愿是指行为发生的可能性概率，是在既定情境下执行某一特定行动而得到预期表现的意愿（Ajzen & Fishbein，1973），态度是一种心理层面的评价和倾向，主观规范是个体主观上迫于某些社会群体或外界信息的影响而产生的行为准则（Fishbein 等，1975）。理性行为理论在很多研究中也被称为 Fishbein 理性行为理论（王玲等，2010；陈伟等，2013）或 Fishbein 合理行为理论（李东进等，2009），它是由 Fishbin 与 Ajzen 在 20 世纪 70 年代提出。

Fishbein 与 Ajzen（1975）认为理性行为理论通过社会心理学预测个体行为，揭示个体进行行为决策的过程，这个理论在于决定人的行为意愿的是行为态度和顺从规范，如图 2-1 所示。按照理性行为模型，一个人行为意向是由他所要执行的行为态度和主观规范决定的。

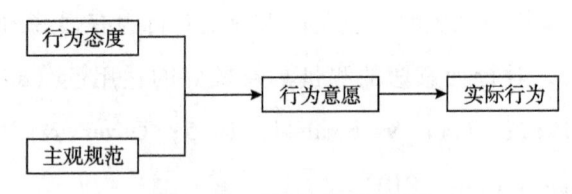

```
┌────────┐
│ 行为态度 │─┐
└────────┘ │    ┌────────┐      ┌────────┐
           ├──→ │ 行为意愿 │ ──→ │ 实际行为 │
┌────────┐ │    └────────┘      └────────┘
│ 主观规范 │─┘
└────────┘
```

图 2-1 理性行为理论模型

资料来源：Fishbein, M., & Ajzen, I. Belief, attitude, intention, and behavior: An introduction to theory and research [J]. Addison-Wesley, 1975, 21 (5): 111-129.

理性行为理论模型揭示了行为主体从信息搜集、信息筛选到形成主观偏好和受到外界影响，并最后产生决策行为的整个过程，该理论认为行为意愿是行为是否实现的最直接影响因素，其他的因素则是通过行为意愿间接影响行为（Fishbein 等，1975）。也就是说，行为意愿直接影响行为、态度和主观规范共同影响行为意愿。

Gotch 与 Hall（2004）认为态度是一种心理层面的评价和倾向，行为意愿是指行为发生的可能性概率，主观规范是个体主观上迫于某些社会群体或外界信息的影响而产生的形为准则。大量的实证研究表明，理性行为理论中的行为意愿与态度这两组变量的关系得到了支持，而主观规范与行为意愿的影响关系有时显著、有时不显著，并且主观规范对行为意愿的影响要小于态度对行为意愿的影响（宋元明，2014）。

（2）理论应用

李东进等（2009）认为 Fishbein 合理行为理论主要有两个方面的贡献：第一，这个理论可以对客体态度和行为之间缺乏一致性做出合理的解释；第二，这个理论提供了具有社会性的行为意向和行为的预测方法。

① 从国家形象的角度对 Fishbein 合理行为理论模型的应用

在李东进、安钟石、周荣海与吴波（2008）在对美、德、日、韩四国的国家形象对中国消费者购买意向影响的研究中，以 Fishbein 模型为基础，将整体国家形象作为新的变量添加到理论模型中，考察国家形象对产品评价、态度、主观规范和购买意向的影响。研究发现，尽管国家形象对购买意向没有直接影响，但是其通过对产品评价、态度、主观规范影响而间接地影响到购买意向。

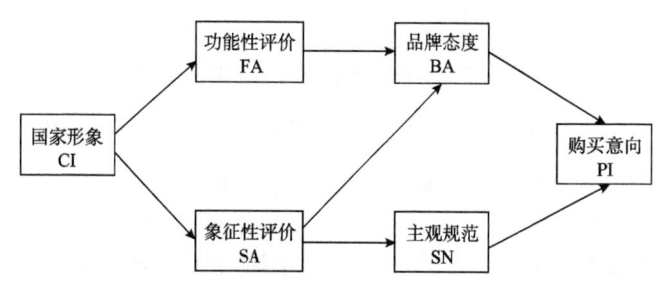

图 2-2 国家形象对购买意愿的影响模型

资料来源：李东进等. 基于 Fishbein 合理行为模型的国家形象对中国消费者购买意向影响研究——以美、德、日、韩四国国家形象为例 [J]. 南开管理评论，2008（5）：40-49.

安钟石等（2003）在中国内需市场上国家形象对消费者购买行为的影响的研究中，将产品评价划分为功能性评价和象征性评价。他们通过研究功能性评价、象征性评价、态度、主观规范

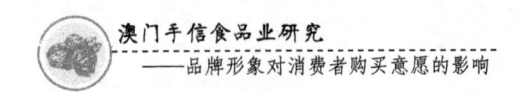

对购买意向的影响,结果表明功能性形象只影响态度,而不影响主观规范,而象征性形象大体上影响主观规范和态度。

② 从产品属性评估的角度对 Fishbein 理性行为理论模型的应用

陈伟等(2013)基于 Fishbein 模型在对礼品二维结构属性对礼品购买意向的影响的研究中,认为态度和主观规范直接影响购买行为,其他所有因素都间接通过这两个因素影响购买意愿。

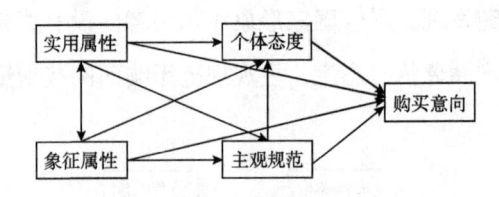

图 2-3　消费者礼品购买意向概念模型

资料来源:陈伟等. 礼品二维结构属性对礼品购买意向的影响研究——基于 Fishbein 理性行为模型 [J]. 工业工程与管理, 2013 (1): 62-70.

陈伟等(2013)在随后的研究中通过实证研究发现,礼物的实用属性没有直接影响购买意向;礼品的象征属性可以直接影响购买意向,也可以通过主观规范和个体态度影响购买意向;象征属性比实用属性对礼品的购买意向有更强的更直接的正向影响。

(3) 模型的拓展应用

韩国学者 Lee(1991)发现 Fishbein 模型对不同文化背景下的消费者行为购买意向预测的准确度不同。因此,他对理性行为模型进行了跨文化修正,根据东方儒家文化的特点,将主观规范细分为面子意识(Face Saving Pressure,FS)和群体一致意识(Group Conformity Pressure,GC),从而形成了具有东方特色的理性行为模型(Lee,1991)。研究结果发现面子意识和群体一致对行为态度和行为意向都有显著的影响。

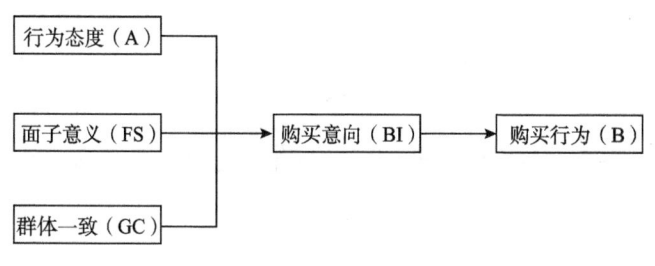

图 2-4 修正后的理性行为模型

资料来源:Lee, C. Modifying an American consumer behavior model for consumers in Confucian culture: the case of Fishbein behavioral intention model [J]. Journal of International Consumer Marketing, 1991 (1): 27-50.

李东进等(2009)根据中国消费者购买意向模型的研究对Fishbein合理行为模型进行了修正,提出了适合中国国情的模型,根据该模型,消费者的行为意向主要有三个影响因素:一是行为态度,二是面子意识,三是群体一致。通过对中国消费者的购买意向的实证研究,将以下两个模型进行对比。研究数据分析结果表明:群体一致意识和面子意识对购买意向的影响要高于行为态度对购买意向的影响,研究模型2有更强的解释力。

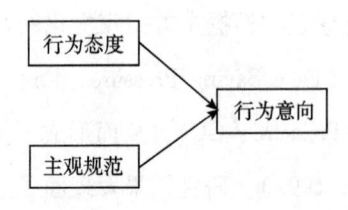

图 2-5　李东进等（2009）研究模型 1

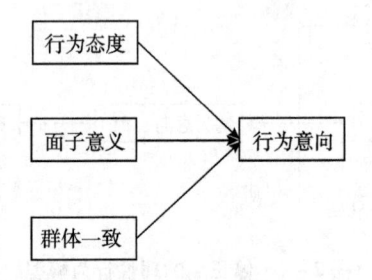

图 2-6　李东进等（2009）研究模型 2

资料来源：李东进等. 中国消费者购买意向模型——对 Fishbein 合理行为模型的修正 [J]. 管理世界, 2009 (1)：121-129.

2.3　跨文化营销策略研究

2.3.1　跨文化营销策略研究

王大海（2009）认为不同的文化会陶冶出不同思维方式的

消费者，因文化产生的价值观会影响社会规范并影响来自不同文化背景的消费者的行为，因此应该在不同文化背景下采取不同的营销策略。在跨文化营销策略的应用方面，Holland 与 Gentry（1999）认为，不同文化背景下的消费者对同一个营销方案的反应会不一样，好的营销策略应该具有民族适应性，所以应该根据不同国家和民族的文化特点来制定不同的营销策略。在跨文化营销管理中消费者的适应性研究受到学者的重视，Grunert 与 Scherlorn（1990）用价值观比较法，对德国消费者进行调查并与北美的调查数据相比较，他们发现德国人特别强调"归属感""安全感"，而北美人（美国和加拿大）更注重"自尊""成就感"。

有学者认为 Fishbein 模型采集的数据主要来自于美国消费者，虽然该模型是比较典型的预测消费者行为特点的理论模型，但是在不同的文化背景下，消费者的行为会产生偏差，需要一定程度的修改（Arndt，1978；Albaum & Peterson，1984；Lee & Green，1991）。李东进等（2009）通过对手机消费者购买意向的研究发现，中国消费者不像美国消费者那么理性，美国消费者在思维方式上注重分析、推理和判断等与逻辑相关的思维过程，而中国消费者更倾向于依靠直觉和经验办事。所以，中国消费者在购买过程中更多的会先根据自己的购买经验、参考他人的建议，而较少先衡量购买行为带给自己的影响，对不同品牌或产品进行理性比较。

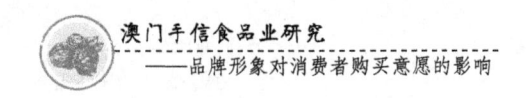

2.3.2 中国文化特点研究

根据第一章的统计数据及澳门手信食品业消费者的界定，本文所涉及的澳门手信食品的消费者主要是来自有中国文化背景的中国内地、香港以及澳门本地的消费者。这三地的消费者都有共同的中国文化背景。

中国传统社会是以家庭为基础的小农经济为主体的农业社会（郑欣淼，1996）。在中国哲学史上占主导地位的儒家文化强调"克己复礼"，强调五种秩序：君臣、父子、夫妇、昆弟、朋友关系，其中中间三种是家庭关系，其他两种可以看作家庭关系的延伸（冯友兰等，1985）。儒家的讲秩序、重等级、重关系的思想成为中国传统文化的核心（罗珉、孙晓岭，2004）。梁漱溟（1987）指出，儒家的社会理论特色是从人与人的关系出发，从家庭关系推广发挥，而以伦理组织社会。

费孝通（1947）认为中国传统社会里群的界限不清楚，是从自己这个中心推出，去向社会势力里的一圈。梁漱溟（1987）认为儒家思想强调人与人、人与社会的关系，推崇仁、义、礼、智、信等符合传统社会要求的道德规范，他认为伦理社会的典范就是尊重对方。

孙隆基（1983）认为虽然时代变迁，但是以儒家思想伦理为基础讲究"差序格局"（费孝通，1947）和阶级成分的"面子"现象一直是支配中国人社会行为的重要因素。致力于研究中国社会及文化结构的学者中，多数认为"面子"概念是其中最为显著的特征之一（King & Myers，1977；Ho，1982；Huang 等，1987）。Domino（1987）等将这种现象视为与西方文化的一种对比。朱瑞玲（1991）认为将"面子"概念作为剖析中国人的性格结构与社会行为的研究工具具有重要意义。

Hofstede（1984）认为不同的国家都有一种能使文化保持稳定的社会机制，处于这种社会机制中心的是被绝大多数人认同的包含价值体系在内的社会规范，它使社会制度能够保持稳定和持续发展。Qian 等（2007）认为中国文化规范注重人与社会、人与人的关系，中国文化中突出方面主要包括：关系、面子、人情、家庭导向、互惠、缘。Hofstede（1993）根据文化差异论认为，中国人注重长期回报，喜欢与人建立长期稳定的和谐关系，群体意识较强，重视个人与群体之间的关系，愿意服从群体的利益。

根据研究，李东进等（2009）把中国文化在人与人、人与社会关系方面的特点总结为注重面子和群体导向，虽然注重面子和群体导向是在不同文化中都会存在的现象，但是在中国文化中表现得非常明显，并且具有区别于其他文化的特点。

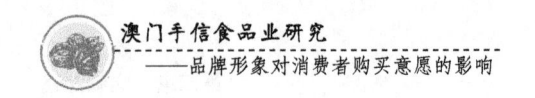

2.4 品牌形象、态度、面子意识、群体一致与消费者购买意愿的关系研究

2.4.1 品牌形象与消费者购买意愿的关系

消费者行为研究者受二战后发起于发达资本主义国家的后现代主义哲学思想的影响，把象征消费视为后现代消费文化的一个重要特点（Firat & Venkatesh，1995）。受这种思想的影响，更多的学者认为，消费者除了为产品的功能购买产品，也会为产品的形象购买产品，也就是为产品和品牌的象征意义购买产品（Cova，1996）。鉴于品牌形象对于实现产品销售和取得市场成功具有重要意义，所以品牌形象被视为一种关键的营销活动。"品牌形象"的概念自提出以来，一直是消费者行为研究领域的一个重要概念（Dobni & Zinkhan，1990）。

Dobni 与 Zinkhan（1990）认为品牌形象包含消费者对于品牌的感觉、想法和感受，并且会影响到消费者本身的购买决策，所以主张品牌形象是消费者对某品牌持有的品牌知觉概念。品牌形象多是主观的知觉经由消费者的感性或理性的解读而形成，强调品牌形象并不是仅仅存在于产品技术、功能之中，而是经由相关的营销活动塑造而成。学者 Aaker（1996）和 Keller（1998）

的研究发现，具有良好形象的品牌，能提高消费者对该品牌的忠诚度以及对产品的信赖感，并增强其购买意愿。

Dodds、Monroe 与 Grewal（1991）从价格、品牌形象与商店名称对产品质量评价的影响的角度进行研究，证实品牌形象越好，购买者就会觉得产品质量越高。Richardson、Dick 与 Jain（1994）认为消费者一般都利用产品的品牌形象来感知或者推论对产品的质量，同时品牌形象也在一定程度上代表了产品的所有信息（陈静，2010）。Kotler（1999）在研究中指出，购买意愿首先是由于外来刺激进入到消费者的意识中，消费者对品牌产生了联想，结合消费者的个性特征产生了品牌形象。因此品牌形象越好的产品，其总体评价就越高，而消费者对该产品的质量知觉和购买意愿也会随之提高。

蒋廉雄与卢泰宏（2006）认为消费者能感知到的服务品牌形象的程度会对其购买过程和未来的购买意愿有显著的影响。王丽芳（2005）则认为将品牌形象作为消费者判断产品质量好坏的外部线索，通过感知质量和风险间接影响到消费者的购买意愿。冯建英等（2006）认为购买意愿是购买行为发生的概率，是研究消费心理活动的重要内容，品牌形象对消费者购买意愿有直接的影响。关辉与董大海（2007）在品牌形象对消费者行为倾向影响的研究中，通过实证研究发现品牌形象能够影响并直接决定消费者的购买和消费行为。

学者们对品牌形象划分不同的要素，注重通过实证分析和理

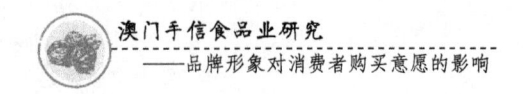

论分析相结合的方式,从多个角度对消费者行为的关系进行研究,对于品牌形象的研究日益深入和拓宽(陈静,2010)。因而本研究在对前人关于品牌形象研究的理论总结和梳理的基础上,进一步在澳门手信食品行业研究品牌形象对消费者购买意愿的影响。

2.4.2 品牌形象与消费者态度的关系

Dodds 等(1991)认为品牌形象越好,消费者对品牌的态度也越积极,对于不熟悉某些特定品牌的消费者而言,为了减少购买风险,会依赖品牌形象作为选购品牌的标准,在 Kotler(1996)的研究中也指出,高品牌形象的产品,消费者对其知觉风险越低。根据 Aaker(1996)提出的五种品牌形象创造价值的方式,其中之一则是品牌形象创造联想,产生正面的态度与感觉并转移至该品牌的价值。华冉冉(2013)提出品牌形象是消费者形成态度的动因,消费者首先接收到品牌传达的信息,进行认知、理解之后,继而形成对品牌的态度。

2.4.3 态度对消费者购买意愿的影响

在理性行为理论中,态度是行为意愿的直接决定因素之一,并通过意愿影响实际的行为。Ajzen 等(1980)指出,个人对某一行为的态度越积极，实现该行为的意愿就越显著，也就是说态度是预测意愿的主要影响因素。Pavlou 与 Fygenson（2006）等很多学者利用理性行为理论，验证了态度可以有效预测行为意愿。Bresnahan 等（2007）对韩国移动通信行业的研究表明，态度在影响购买意愿的因素中的预测能力最强。Zarantonello 与 Schmitt（2010）基于食品、汽车业、电子产品业进行研究表明，态度能够较好地预测购买意愿。董玉（2011）提出，认知态度与情感态度都对购买意愿有直接影响，并且情感态度的影响更显著。

2.4.4　面子意识与消费者购买行为的影响

比起西方国家，面子在中国、韩国、日本等集体主义文化国家中有更突出的表现，人们对面子的得失非常敏感，甚至成为解释多数人行为的关键因素，也是中国等东亚国家人们消费行为的关键（Redding & Ng, 1982; Stover, 1962）。Redding 与 Ng（1982）认为"面子"是解释中国等东亚国家人们消费行为的关键。Ho（1982）也提出，东方世界的人很注重"面子"，这在东方人的消费行为中起了很大的作用。郭晓琳等（2015）认为面子并非是中国社会特有的现象，在西方社会，人们对面子的认同和追求同样存在，只是表现的强弱程度不同，对面子的追求在儒家文化占主导的社会更为突出。卢泰宏（2005）在对中国

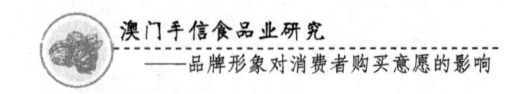

消费者行为的研究中发现，送礼行为不只是自己的购买行为，还牵扯到接收礼物者的利益，是面子意识的重要体验，此时消费者就会尤其挑剔，希望能选择到令自己和他人都满意的产品或服务。

Li 等（2007）研究发现中国的消费者比美国的消费者更容易受到产品品牌、声望动机以及参照群体的影响，中国的消费者比美国的消费者更容易受到声望动机的影响。王长征与崔楠（2011）认为当代中国消费者对面子的认知很可能已经发生了一些变化，不再局限于将购买或炫耀奢侈品作为有面子的事情，自我个性在消费中的展现也成为"有面子"的事情。

陈之昭（1982）指出，个体需要对接收到的外部刺激进行处理后会产生面子知觉的反应、情绪的生理反应和外显反应。这些反应会产生有面子、没面子和丢脸等不同感受，并最终导致行为倾向。

郭晓琳与林德荣（2015）从面子消费的动机进行研究，认为在进入消费社会后，人们的物质生活得到极大改善，人们对消费的效果不再停留在使用价值上，更多的是追求符合意义，面子是消费的一种变现性需要。因此，由面子意识触发的消费动机往往与炫耀、声望（地位）需求、个性需求相连。郑玉香（2009）发现面子意识会正向影响消费者的品牌意识与追求优质高价的倾向，以及冲动购买倾向。

杨玉杰与方旭红（2016）在对中国公民出境旅游购物的研

究中发现，中国传统文化中的家庭本位和对人情关系的重视，使中国消费者给亲朋好友购买各种礼品当作他们旅途过程中的一项重要任务，"礼品"既拉近了与亲朋好友之间的距离，又成为向他人炫耀的方式。

2.4.5 群体一致对消费者购买行为的影响

Lascu 与 Zinkhan（1999）认为规范的影响通过服从而实现，一个人为了从他人那里得到好的响应而接受群体的影响，只有人们感知到这种影响，才会执行服从规范的行为。

重群体是传统文化主流的儒家调节、处理社会经济关系的基本准则，在这种文化背景的影响下，社会发展最注重的是人际关系的和谐。实现社会期望会产生好的感受和归属感（李东进等，2009），即服从社会规范。当群体的价值体系与个人的价值体系相符时，个人为了从他人那里得到一个好的响应而接受群体的影响（Lascu & Zinkhan，1999）。基于这些顺从群体影响的原因，在注重和谐的文化中，人们更倾向于接受群体的影响，与群体中的其他成员保持一致（王大海，2009）。

王大海（2009）根据凯恩斯（1936）边际消费倾向规律、流动偏好规律研究，认为人们在面对不确定性时有规避风险的需要；个人往往会以其他人或群体中多数人的意见作为参考，以满足他们规避风险、减少损失的需要。因为从众消费者可以减少信

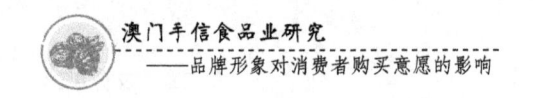

息搜寻成本，而且集体理性犯错的概率比个人理性犯错的概率小，可以降低风险，所以不确定性越强，人们的从众消费行为会越多。Bearden 与 Etzel（1982）研究发现，当消费者购买的是奢侈品时，或在公共场合消费而不是在私下消费时，参照群体对消费者的影响更大一些。

根据上述理论可知群体一致意识与行为意向之间有一定的影响关系，而且这种影响关系在中国文化背景下表现的应该更为显著。

2.5 澳门手信食品业品牌形象对消费者购买意愿影响的理论模型构建

经过上文品牌形象、态度、面子意识、群体一致意识对购买意愿的探讨，以及前文对理性行为模型的研究，本研究构建了澳门手信食品业品牌形象对消费者购买意愿影响的理论模型，如图 2-7 所示。

在该模型中，澳门手信食品行业的品牌形象的四个维度通过态度间接影响消费者的购买意愿；品牌形象的四个维度通过面子意识间接影响消费者的购买意愿；品牌形象的四个维度通过群体一致意识间接影响消费者的购买意愿。通过上述影响机制的论述，将品牌形象作为这个模型的前因变量，对整个模型有影响作用。

第二章 文献综述

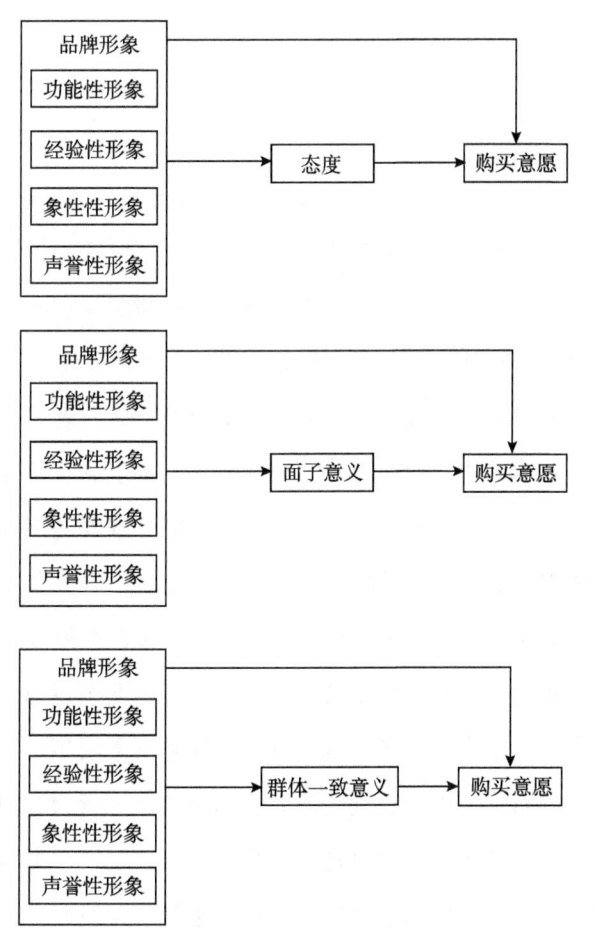

图 2-7 本研究的概念模型

资料来源：本文作者自行绘制

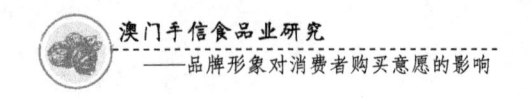

2.6　本章小结

本章分三部分，第一部分对本书涉及的核心概念进行了评述和界定；第二部分，对本书的相关理论进行了研究和评述；第三部分对品牌形象、面子意识、群体一致分别与购买意愿的关系进行了分析，并构建了本研究的理论模型。

基于消费者行为理论的研究，本书厘清了消费者出现购买决策的行为规律，为本研究奠定了理论基础。基于品牌管理理论的研究，本书对品牌联想的规律、品牌形象划分维度的依据进行了分析，依据学者的理论及本行业的特点对品牌形象划分为功能性形象、经验性形象、象征性形象、声誉性形象四个维度，并将这四个维度作为本文概念模型的前因变量，通过面子意识、群体一致、态度三个中介变量影响购买意愿的完整概念模型。基于理性行为理论的研究，本书找到了研究的基础模型，行为意向受到态度和行为规范的影响。经过进一步深入研究发现，学者对不同文化背景下的消费者购买意向的模型进行了修正，使理性行为模型更加符合具有东方儒家文化特点背景下的消费者行为，将模型中的前因变量、主观规范变为面子意识和群体一致两个变量。中国学者又在此基础上对该模型进行了实证研究，并用中国文化特点对此模型进行了分析，发现修正后的模型更能反映中国消费者购买行为意向的特点。

　　综上所述，本章厘清了消费者行为理论、品牌管理理论、理性行为理论，对品牌形象、态度、购买意愿等重要概念进行了界定和分析，结合中国文化的特点，对品牌形象、面子意识及群体一致意识与购买意愿的关系进行了分析，使本研究在理论上找到了逻辑上的合理性，为后续的实证研究夯实了理论基础。

第三章　研究方法

本研究根据研究目的、研究假设、研究内容的需要，采用定性研究和定量研究两类方法。

本研究用定性的方法，在查阅文献、了解市场的基础上对澳门手信食品业的环境进行了描述，并运用澳门统计暨普查局的数据为手信食品市场的情况作了佐证，明确了本研究的目的。

本研究用定性的方法，在查阅国内外文献的基础上，对本研究的核心概念进行了规范性阐述，对研究问题的范围进行了界定。通过定性研究对文献资料进行整理和归纳，对国内外的相关理论进行了梳理和总结，找出各变量之间的关系，并根据这些资料进行量表的测量。

本研究用定量的方法，对品牌形象的量表进行了测量，验证了澳门手信食品行业品牌形象的维度如定性分析的结果一样有四个维度。用定量的方法对问卷进行预测试，结合定性方法进行专家访谈，调整问卷，用定量方法对量表进行信度和效度的检验，并进行描述性统计和对概念模型的检验。

3.1 品牌形象与购买意愿的关系及其假设

澳门手信食品的品牌形象就是让消费者产生反应的外来刺激之一，即澳门手信食品的品牌形象作为外来的刺激进入消费者的意识中，同时结合消费者的需求、偏好等个性特征来影响购买意愿的形成。所以，手信食品品牌形象的好坏关系到消费者的购买意愿。手信食品能够满足消费者使用上的需求，又好吃、品种又多的品牌，功能性形象越高，越会促使消费者产生购买的意愿。对于购买哪一个品牌的手信食品，不同的品牌能够给消费者带来不同的购买体验，有的品牌带给消费者的感觉是温馨的、追求美好生活的印象，这种美好的印象会让消费者产生购买的意愿；有的品牌包装精美、档次高、送人体面，送人时能够提升自己的形象，也能够使自己融入群体，从而会产生购买的欲望。

因此，本研究提出假设：

H1：澳门手信食品业品牌形象对消费者购买意愿产生正向影响。

根据前文的定性研究，本书对澳门手信食品业品牌形象分为功能性形象、象征性形象、经验性形象、声誉性形象四个维度。

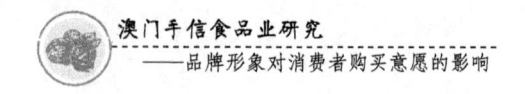

因此假设：

　　H1a：澳门手信食品品牌的功能性形象对购买意愿产生正向影响。

　　H1b：澳门手信食品品牌的象征性形象对购买意愿产生正向影响。

　　H1c：澳门手信食品品牌的经验性形象对购买意愿产生正向影响。

　　H1d：澳门手信食品品牌的声誉性形象对购买意愿产生正向影响。

3.2　品牌形象与态度、面子意识、群体一致意识的关系及假设

3.2.1　品牌形象与态度的关系及假设

　　手信食品能够满足消费者使用上的需求，实用性越强，消费者对该品牌手信的态度越积极；手信食品作为礼品要表达送礼者的心意，与被送礼者保持良好的关系，手信食品品牌的象征性形象越强消费者越能产生积极的态度；手信食品能够使消费者有越多的追求美好生活的向往及温馨的感觉，消费者对该品牌的态度就越积极。

因此，本研究提出假设：

H2：澳门手信食品的品牌形象对态度产生正向影响。

H2a：澳门手信食品品牌的功能性形象对态度产生正向影响。

H2b：澳门手信食品品牌的象征性形象对态度产生正向影响。

H2c：澳门手信食品品牌的经验性形象对态度产生正向影响。

H2d：澳门手信食品品牌的声誉性形象对态度产生正向影响。

3.2.2 品牌形象与面子意识的关系及假设

手信食品的外观和包装越有档次，消费者购物的体验越温馨舒适；手信食品的品牌知名度越高，消费者对品牌的印象就相应地越好。这种好的印象会形成好的品牌联想，并在消费者心目中形成好的品牌形象。慕名而来的消费者选择品牌形象好的手信食品送人会更体面，更能体现消费者的面子。对于品牌形象好的手信食品品牌，人们在面子意识的驱动下会产生能给自己增加面子、避免丢面子的想法。

因此，本研究提出假设：

H3：澳门手信食品的品牌形象对面子意识产生正向影响。

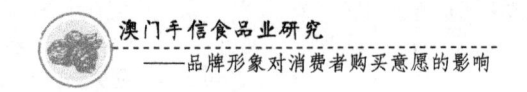

H3a：澳门手信食品品牌的功能性形象对面子意识产生正向影响。

H3b：澳门手信食品品牌的象征性形象对面子意识产生正向影响。

H3c：澳门手信食品品牌的经验性形象对面子意识产生正向影响。

H3d：澳门手信食品品牌的声誉性形象对面子意识产生正向影响。

3.2.3　品牌形象与群体一致意识的关系及假设

品牌形象好的手信食品能够满足消费者的内在需求，为了融入群体中，来澳门的游客在对澳门手信食品不够了解的情况下，会倾向于购买品牌形象好的、身边人都喜欢的手信食品，以避免承担信息不对称带来的风险，同时会产生群体的归属感并得到该群体中别人的认同。

因此，本研究提出假设：

H4：澳门手信食品的品牌形象对群体一致意识产生正向影响。

H4a：澳门手信食品品牌的功能性形象对群体一致意识产生正向影响。

H4b：澳门手信食品品牌的象征性形象对群体一致意识产生

正向影响。

H4c：澳门手信食品品牌的经验性形象对群体一致意识产生正向影响。

H4d：澳门手信食品品牌的声誉性形象对群体一致意识产生正向影响。

3.3 态度、面子意识、群体一致意识与购买意愿的关系及假设

3.3.1 态度与购买意愿的关系及假设

消费者对澳门手信食品的印象越好，对该品牌的评价就越高，他们对品牌形象好的手信食品的倾向性就越明显，所以他们购买该品牌的可能性越大，就会产生购买意愿。

因此，本研究提出假设：

H5：澳门手信食品消费者的态度对购买意愿产生正向影响。

3.3.2 面子意识与购买意愿的关系及假设

消费者将给亲朋好友购买各种礼品当作他们旅途过程中的一项重要任务，因为"礼品"可以拉近与亲朋好友之间的距离。从

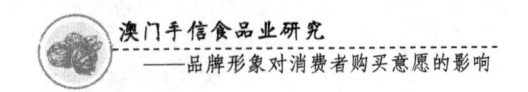

外地来澳门旅游的游客，购买澳门手信食品除了自己品尝外，还会买回去当作礼物送给亲戚朋友，这时消费者往往会选择包装精美的送人，这样显得体面，让自己更有面子。对买来能体现面子的商品，消费者更愿意购买。

因此，本研究提出假设：

H6：澳门手信食品消费者的面子意识对购买意愿产生正向影响。

3.3.3 群体一致意识与购买意愿的关系及假设

手信食品的消费者在对手信食品不够了解、与企业的信息不对称时，为了尽可能做出正确的决定，往往会向身边的人、周围的人寻找信息，参考多数人的意见来确定应该如何选择手信食品的品牌。尤其在群体导向，注重和谐的文化氛围中，为了规避不确定性，产生归属感，维持与群体之间满意的关系，群体中大多数人购买哪一个品牌，消费者也容易倾向购买这个品牌。

因此，本研究提出假设：

H7：澳门手信食品消费者的群体一致意识对购买意愿产生正向影响。

3.4 中介作用的假设

根据前文的概念模型，本研究的内容之二，是验证澳门手信食品业的品牌形象是否能够通过消费者的态度、面子意识、群体一致意识对购买意愿产生影响。也就是说，验证态度在品牌形象与购买意愿之间产生中介作用；验证面子意识在品牌形象与购买意愿之间产生中介作用；验证群体一致意识在品牌形象与购买意愿之间产生中介作用。

3.4.1 态度中介作用的假设

澳门手信食品能够满足消费者使用上的需求，实用性越强，消费者对该品牌手信的态度越积极；手信食品作为礼品要表达送礼者的心意，与被送礼者保持良好的关系，手信食品品牌的象征性形象越强消费者越能产生积极的态度；手信食品能够使消费者有越多的追求美好生活的向往、有温馨的感觉，消费者对该手信食品的态度越积极。

消费者对澳门手信食品的评价越高，对该品牌的态度就越积极，这种积极的情感会转化为购买的动力。

因此，本研究提出假设：

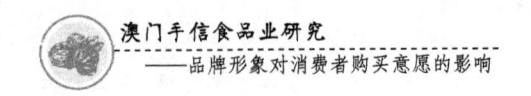

H8：态度在品牌形象与购买意愿之间存在中介作用。

3.4.2　面子意识中介作用的假设

手信食品的外观越精美、包装越有档次，送人越体面，就越能体现消费者的面子。对于品牌形象好的手信食品品牌，人们在面子意识的驱动下会倾向于给自己增加面子而购买。

从外地来澳门旅游的游客，购买手信食品除了自己品尝外，还会买回去当作礼物送给亲戚朋友，这时消费者往往会选择包装精美的送人，这样显得体面，让自己更有面子。能够增加面子的礼品，更能够增强消费者的购买意愿。

因此，本研究提出假设：

H9：面子意识在品牌形象与购买意愿之间存在中介作用。

3.4.3　群体一致意识中介作用的假设

品牌形象好的手信食品能够满足消费者的内在需求，其群体融入、自我认同等特性都反映了消费者希望得到他人认同、产生归属感的群体一致意识。

手信食品的消费者在对澳门手信食品不够了解、与企业的信息不对称时，为了尽可能做出正确的决定，往往会向身边的人、周围的人寻找信息，参考多数人的意见来确定应该如何选择手信食品的品牌。为了规避不确定性,产生归属感,维持与群体之间满意的关系,如果群体中大多数人或者意见领袖倾向于购买哪一个品牌,他们也容易倾向购买这个品牌。

因此,本研究提出假设:

H10:群体一致意识在品牌形象与购买意愿之间存在中介作用。

3.5 研究方法

3.5.1 定性研究

本研究的定性研究主要包括搜集数据、统计数据、专家访谈、文献研究和理论探索。本研究依据高校的文献资源,搜集了大量国内外研究文献,特别是在品牌形象、购买意愿、理性行为理论、消费者行为学、品牌管理理论领域的经典理论。通过文献研究法,系统地查阅国内外关于消费者购买意愿等相关方面的研究成果和论文,分析、整理形成文献综述,在文献综述的基础上构建澳门手信食品行业消费者购买意愿的理论模型,并提出相应的理论假设。

依据澳门统计局的统计数据,搜集整理了来澳门的游客构成

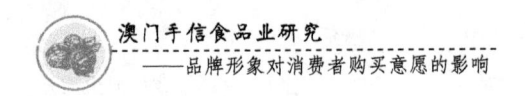

及比例，收集了澳门人均消费水平及手信食品的人均购买水平；通过搜集网站资源，得到钜记饼家的市场份额数据；通过专家访谈，得到行业内部的市场情况介绍，得到近两年英记饼家的消费者比例变化。

本研究还针对量表进行了前测性访谈。为了保证量表的有效性和可理解性，本研究邀请了澳门手信食品业的一名高层管理人员、一名中层管理人员、两名管理学博士、一名旅游学科博士、数十名手信食品的消费者进行了深度访谈，对量表的内容和结构进行了广泛的讨论，根据他们的意见和建议调整量表。

3.5.2 定量研究

定量研究主要用综合统计的方法。统计分析方法是一种普遍使用的研究方法，它是指综合运用各类统计的分析方法进行定量研究，利用 SPSS 软件对获取的一手数据和二手数据进行数据统计分析。本研究主要采用统计方法对数据进行分析，主要用描述性统计、探索性因子分析、信度和效度检验、回归分析、方差分析等。前三种统计分析方法主要应用在预调查的分析中，用以对调查问卷问项的过滤和提纯；方差分析主要应用在正式调查分析中，用以了解不同特征的样本在各个不同变量上是否存在差异；回归分析主要用来判定不同变量之间的关系及对假设进行验证。

第三章 研究方法

（1）问卷调查法

问卷调查法的程序严格，调查的针对性很强，根据研究问题特别定制的问卷有利于获得研究对象的数据，更准确、更有效，可以使调研人员在较短的时间内获得大量的信息数据。所以本研究使用问卷调查法对消费者进行调查。

考虑到普通消费者在填写问卷时可能会遇到一些问题，本研究对3名消费者进行了试调查，根据被调查人员的反馈对个别问题做出修正和调整。

本研究在前测性访谈和预调查的基础上对50人进行预调研。经过测试并回收问卷整理数据，通过SPSS软件对所得数据进行内部一致性信度和效度的检验，针对检验结果对初始题项进行修改和过滤，最后加入人口统计变量，形成用于大样本调查的正式问卷。

在正式问卷调查中，抽样样本数量越多推论的效度越可靠，但抽样的样本性质必须能确实反映出总体的属性，所以本研究采用随机抽样的方法，在能够代表来澳门游客的地点发放问卷。

正式问卷的发放一共450份，主要在澳门几个人流量非常大的地点进行发放。澳门的关闸是来澳门的中国内地人最主要的通关渠道，因此设置发放问卷地点在关闸，发放问卷90份；根据澳门统计暨普查局数据显示，来澳门的游客人数排第二位的是香港人，他们一般通过外港码头到澳门，所以在外港码头发放问卷90份；澳门最具标志性的景点大三巴附近，发放问卷90份；澳

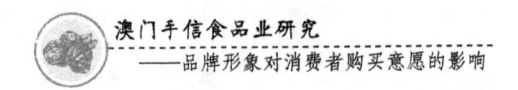

门新马路的议事厅前地在节假日经常有节庆活动,而且那里也是到新马路、大三巴、大炮台一带参观购物主要经过的地点,人流量非常大,所以在议事厅前地发放问卷90份;购买澳门手信的消费者包括澳门本地居民,并且本地居民对澳门手信食品的品牌形象有重要的影响作用,所以发给澳门本地居民问卷90份。

(2) 信度检验

信度用于对测量量表的一致性、稳定性的检验,用来确保量表是否合理和有效,是评价量表的重要指标;信度分析考察的是题项是否唯一、是否具备内部一致性、是否测量同一变量和测量的结果是否真实可信(何海英,2015)。本研究变量的量表选自国外专家的成熟量表,并结合澳门手信食品业进行了本土化的调整和修正。因此,为了检验国外成熟量表在澳门手信食品业是否适用,也为了保证修正后的量表有良好的内部一致性,并且能达到研究的需要,有必要对测量量表进行信度分析。

在量表信度的分析中,本研究用检验 Cronbach's α 系数的方法,来判定问卷内部的一致性和稳定性。Cronbach's α 系数在0~1之间,系数越大,表明量表的内部一致性越好、信度越高;系数越小,表明量表的内部一致性越差、信度越低。Nunnally 等(1978)认为 Cronbach's α 系数数值等于0.7是一个较低但可以接受的量表边界值。

(3) 效度检验

效度能够测到使用者设计的心理或行为特质到何种程度,效度体现的是量表题项对变量的反映程度,量表的效度包括内容效度和结构效度,内容效度是研究叙述的正确性与真实性,结构效度是研究推论的正确性(吴明隆,2007)。

内容效度是反映测量题项与变量之间契合程度的指标(何海英,2015)。本研究引用的成熟量表,是经过专家访谈后形成的,初始量表形成后,通过前测性访谈和预调研等方法对问卷进行了修正。

结构效度是测量量表中题项反映变量维度程度的指标(何海英,2015)。本研究采用探索性因子研究对量表进行结构效度的检验。首先对变量进行 KMO(Kaiser – Meyer – Olkin)检验和巴特利特球形检验(Bartlett test of sphericity)。KMO 检验是对变量间简单相关系数和偏相关系数进行比较的指标,主要用于多元统计的因子分析。通常认为 KMO 值在 0.5 以下,说明不可以做因子分析;在 0.6~0.7 之间,则说明勉强可以做因子分析;在 0.8~0.9 之间,说明适合做因子分析;在 0.9~1 之间,说明非常适合做因子分析(Hair 等,1998)。巴特利特球形检验用来测试资料的分布及各个变量间的独立情况。其数值越大,就意味着变量之间有显著的关联性,就越适合做因子分析。

(4)描述性统计

描述性统计是对一组数据的各种特征进行分析,以便于描述测量样本的各种特征及其代表的总体特征,对被调查对象的差异进行了解。本文的描述性统计主要对受访者的个人信息进行了分

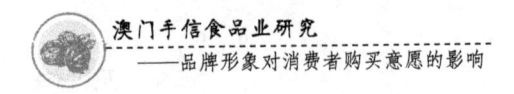

布统计，分析得出澳门手信食品的消费者在性别、年龄、月收入、受教育状况、婚姻状况、人群分类等方面的百分比。

（5）方差分析

方差分析是用来检验多个样本均数间的差异是否具有统计意义的一种方法（贾丽艳、杜强，2010）。本研究用独立样本T检验和单因素方差分析的方法分析不同属性的消费者的购买意愿是否存在差异。探讨消费者的性别、婚姻状况、年龄、受教育程度、月收入水平、购买次数、购买的品牌对功能性品牌形象、象征性品牌形象、声誉性品牌形象、经验性品牌形象、态度、面子意识、群体一致意识、购买意愿的影响。采用单因素方差分析，主要用来研究一个控制变量的不同水平是否对观测变量产生显著性影响（马庆国，2002）。如果检验的 Sig. 值大于 0.05，说明两组数据的方差差异不显著，如果检验的 Sig. 值小于 0.05，则说明数据存在显著性差异。

（6）因子分析

因子分析是研究从变量群中提取共性因子的统计技术，其目的是用来寻找变量的基本结构，对变量进行分类，简化变量并以少量的变量解释复杂的研究问题，通过现有的变量测量潜在的抽象变量，用来判定和消除指标体系中指针间的信息重叠；通过具体的指标测评抽象因子的统计分析（宇传华，2007）。在本研究中，主要采用验证性因子分析方法对样本数据进行检验分析。

(7) 回归分析

回归分析是确定两种或两种以上变量间相互依赖的定量关系的一种统计分析方法。回归分析经常用在解释和预测两大方面，有关解释方面，可以从取得的样本计算出回归的方程式，再透过回归的方程式得知每个自变量对因变量的影响力或贡献，并找出最大的影响变量，以进行统计上的解释；有关预测方面，由于回归方程式是线性关系，也可以估算自变量的变动会带给因变量多大的改变（吴作乐、吴秉翰，2016）。因此，本研究使用回归分析来预测品牌形象对购买意愿的影响，并找出品牌形象每一个维度对购买意愿产生影响的程度，以便验证本书的理论框架，并在实践中给出指导建议。

(8) 中介效应分析

中介效应模型可以分析自变量对因变量影响的过程和作用机制，相比单纯分析自变量对因变量影响的同类研究，中介效应分析不仅在方法上有进步，而且往往能得到更多更深入的结果（温忠麟、叶宝娟，2014）。因此本研究用中介效应分析的方法对模型进行检验，若自变量的作用被削弱，则说明中介变量产生了中介作用；若自变量的作用没有被削弱，则说明中介变量没有产生中介作用。以此来检验品牌形象是否通过态度、面子意识、群体一致意识对购买意愿产生影响。

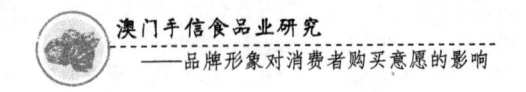

3.6 小结

本章提出了本书主要研究的问题，提出本研究品牌形象、态度、面子意识、群体一致意识、购买意愿各变量之间的假设和中介作用的假设。根据研究目的、研究假设及研究内容的需要，对所用到的研究方法进行了详细阐述和分析。

第四章 问卷设计与数据分析

4.1 问卷设计

在借鉴国内外已有的研究成果的基础上，设计量表的题项，问卷设计思路遵循明确性、客观性、非诱导性、合理性及方便整理、通俗易懂等原则，经过前测性访谈、试调查和预测试对澳门手信食品行业的特点进行必要的修正，通过信度效度检验后，对澳门手信食品行业的消费者发放调查问卷。

本研究的问卷设计流程，如图 4-1 所示。

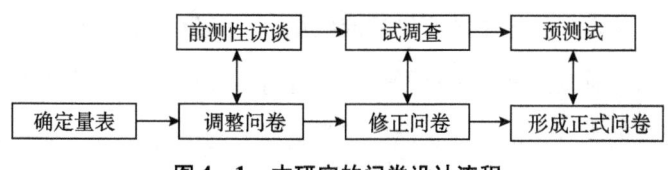

图 4-1 本研究的问卷设计流程

资料来源：本书作者自行绘制。

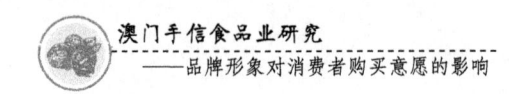

本研究的问卷分为三部分：第一部分，购买情况，对消费者购买手信的次数和品牌进行调查。第二、第三部分，调查消费者对手信食品业品牌形象、态度、面子意识、群体一致和购买意愿的观点。为测试问卷的有效性，加一个反向题：我认为购买手信食品是愚蠢的。第四部分为个人资料，包括性别、年龄、学历、游客身份、月收入等题项。

对于实证研究中测量量表项目的衡量，李克特量表应用最为广泛（许衍凤等，2015）。因此，本研究采用5点量表对澳门手信食品的品牌形象的测量项目进行衡量，编制成初试问卷。其中"5"代表完全同意，"4"代表基本同意，"3"代表不确定，"2"代表基本不同意，"1"代表完全不同意。

4.1.1 变量的测量

在问卷设计之前，对国内外关于品牌形象、态度、面子意识、群体一致和购买意愿的相关文献进行大量阅读，并进行分析、分类、整理，本研究的核心概念来源于相关文献回顾和前期研究；量表来源于学者开发的成熟量表，从题库中抽取有代表性的问题，对相关概念测量量表问项进行了设计。量表设计依据本土化特色尽可能使用适合澳门手信食品业的语言表述。量表设计的科学原则之一是特定的概念至少应该通过两个以上的问题来测量（Churchill，1979），Nunnally与Bernstein（1978）建议使用多观测变量来综合测量一个概念，因此，本研究使用多个题项来测量核心概念。

（1）品牌形象的测量

本研究的品牌形象是人们对澳门手信食品品牌的总体感知，是依据消费者受到的外部刺激或他们的想象形成的对品牌的推断。本研究依据前文对品牌形象构成的分析，将品牌形象的构成分为功能性形象、象征性形象、经验性形象、声誉性形象四个维度。基于 Park、Jaworski 与 MacInnis（1986），Keller（1993），Klein 与 Ettensoe（1999），Lardinoit 与 Derbaix（2001）等学者的研究文献，并结合澳门手信食品的行业特点，设计了 16 个题项。

（2）态度的测量

本研究中态度指的是消费者在澳门手信食品品牌形象的刺激下，对各种手信食品的品牌偏好和心理倾向。由于手信食品行业中，产品在功能上是游客或消费者自己食用和赠送他人。因此，本研究认为，消费者在品牌选择时期起决定作用的应该是认知态度。在营销管理领域，学者们针对不同行业背景下的态度进行过研究和测量，开发出很多成熟的量表。本研究基于学者（French，2005；Ajzen & Driver，1992；Trafimow，Kiekel & Clason，2004；Perugini & Bagozzi，2001）的研究，将澳门手信食品行业态度的测量题项设计为 2 个。

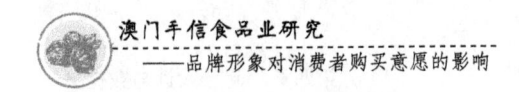

表4-1 品牌形象的初始量表

变量	题项	理论依据
功能性形象	该品牌手信食品是非常实用的	Park，Jaworski & MacInnis (1986)； Keller (1993)； Klein & Ettensoe (1999)； Lardinoit & Derbaix (2001)； 邱玮珍 (2006)； 郝俊峰、汪波、殷红春 (2010)
功能性形象	该品牌手信有吃起来让我放心安全的印象	
功能性形象	该品牌手信质量好	
功能性形象	整体来讲该品牌手信设计非常好	
象征性形象	购买该品牌手信能代表我的社会地位	
象征性形象	购买该品牌手信能增强人际关系	
象征性形象	该品牌手信拥有良好的声誉	
象征性形象	因为名人推荐我购买该品牌手信	
声誉性形象	该品牌手信是本行业的领导品牌	
声誉性形象	购买该品牌手信是流行的	
声誉性形象	我身边的很多人购买该品牌手信	
经验性形象	该品牌手信给我追求生活乐趣的感觉	
经验性形象	该品牌手信给予我温馨的感觉	
经验性形象	该品牌手信给予我舒服的感觉	
经验性形象	该品牌手信给予我欢乐的感觉	
经验性形象	该品牌手信可满足我追求多样化生活的感觉	

表 4-2 态度的初始量表

变量	题项	理论依据
态度	我感觉购买该品牌手信是正确的	French, 2005; Ajzen & Driver, 1992; Trafimow, Kiekel & Clason, 2004; Perugini & Bagozzi, 2001
	我感觉购买该品牌手信是理智的	

（3）购买意愿的测量

本研究中的购买意愿是消费者对购买澳门手信食品的主观倾向和购买澳门手信食品发生的概率。购买意愿的强弱直接决定着购买行为的发生，在消费者行为学中经常被研究和测量，量表已经非常成熟。结合 Bagozzi 与 Van（2001），Kraft、Rise、Sutton 与 Roysamb（2005）等学者的研究，本研究设计了以下澳门手信食品行业购买意愿的测量题项。

表 4-3 购买意愿的初始量表

变量	题项	理论依据
购买意愿	我会考虑购买该品牌的手信	Bagozzi & Van (2001); Kraft, Rise, Sutton & Roysamb (2005)
	我愿意购买该品牌的手信	
	我愿意推荐他人购买该品牌的手信	

（4）面子意识

本研究中面子意识是从个人周围群体中寻找行为规则的倾向。成中英（1986）指出，面子是表达人际关系、加强人际关系，使人际关系和谐的目的和方法，并且有两个向度：客观和主观。客观向度上的面子,指个人被相同小区或社会的其他成员认可的社会地位;主观向度上的面子是指面子体现的是与社会关系及整个社会相关的个体自尊价值和自身的重要性。在对面子意识本质含义理解的基础上,参考 Ho(1982)、Li 和 Su(2007)、李东进等(2009)、王大海(2009)等人关于面子概念的测量量表,设计了以下 4 个题项。

表4-4 面子意识的初始量表

变量	题项	理论依据
面子意识	他人会对我购买该品牌手信表示赞许	Ho(1982); Li & Su(2007); 李东进等(2009); 王大海(2009)
	他人认为拥有该品牌的手信能显示我的身份和地位	
	拥有该品牌手信会得到他人的尊重	
	购买或赠送他人该品牌手信很有面子	

(5)群体一致意识

本研究中群体一致意识是个人愿意顺从群体规范并与其群体成员一致的倾向。李东进等(2009)认为人们服从群体规范是因为他们认为他人的行为是合适的、成功的行为提示,特别在不确定的情况下,人们倾向于向社会寻求该如何做的信息。本研究在对群体一致意识本质含义理解的基础上,对它的测量参考了一些学者的量表。Park 与 Lessig(1977)将参照群体影响分为信息性、功利性、价值表现性三个维度,并开发了量表。此后的几十年里,他们的群体影响量表得到很多学者的认可并借用,如

Webster 与 James（1994）、Childers 与 Carson（2002）、Bearden 与 Etzel（1982）、Guzman 与 Sierra（2006）、Yang（2007）等。但王大海（2009）认为功利性影响和价值表现性影响在本质上与规范性影响是一致的，并且通过两个维度量表的合并取得了较好的测量效果。参考前人研究的成果，本研究针对群体一致意识设计了以下2个题项。

表4-5　群体一致意识的初始量表

变量	题项	理论依据
群体一致意识	如果周围绝大部分同学、同事、朋友、亲人认为应该购买该品牌手信，我也会购买	Webster & James（1994）；Childers & Carson（2002）；Bearden & Etzel（1982）；Guzman & Sierra（2006）；Yang（2007）
	如果周围绝大部分同学、同事、朋友、亲人都购买该品牌手信，我也会购买	

（6）控制变量

为了分析消费经验对模型可能造成的影响，本研究设计了控制变量的题项。本研究认为消费者对澳门手信食品的了解、倾向于购买的品牌与购买的经验有关，消费者从没购买过、初次购买澳门手信食品和多次购买的经验有差别，对澳门手信食品的熟悉程度也不同，所以由于购买经验的差异产生了购买决策的差异。因此，本书根据研究需要，自行设计了3个选项。

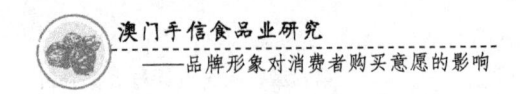

表4-6 控制变量统计表

题 项
您是否购买过澳门手信食品?
如果购买过澳门手信食品,您购买次数是多少次?
您最倾向于购买哪一个品牌的手信?
请问您购买手信主要用于自己品尝还是赠送他人?

(7) 人口统计资料

姜彩芬（2009）研究发现,收入越高的人越爱面子,社会阶层越高的人越爱面子,男性比女性更爱面子,已婚人士比未婚人士更爱面子,年龄越大的人越爱面子。因此,基本数据的题项有必要包括月收入水平、性别、是否结婚、年龄。本研究为了调查和分析样本的人口统计学特征,在调查问卷的基本个人资料部分设置了6个题项,用来了解消费者的性别、年龄、学历、所属人群、婚否、月收入水平。根据来澳门的人群构成,中国内地游客为主,中国香港游客其次,除此之外还有中国台湾游客、外国游客;再根据购买澳门手信食品的人群构成,加入澳门本地居民、外劳（外地来澳门务工人员）。因此以人群的来源设计了1个题项。

表 4–7 人口统计学特征统计表

题　项
您的性别：(1) 男　　(2) 女
您的年龄：(1) 24 岁以下　(2) 25~35 岁　(3) 36~45 岁　(4) 46~55 岁 (5) 56 岁以上
您的学历：(1) 高中或以下　(2) 大专　(3) 本科　(4) 硕士研究生或以上
您是：(1) 澳门居民　(2) 内地游客　(3) 香港游客　(4) 台湾游客 (5) 外国游客，____国　(6) 从____来澳劳务人员　(7) 其他____
您的婚姻状况：(1) 未婚　(2) 已婚　(3) 其他
您的月收入（澳门币，单位：元）：(1) 5000 以下　(2) 5001~10000 (3) 10001~20000　(4) 20001~50000　(5) 50000 以上

4.1.2　前测性访谈

在问卷设计的过程中，为了确保调查问卷能够采集到所需要的数据，本研究实施了前测性访谈，用来了解题项是不是有歧义、难以理解，以便调查问卷更加完善。

本研究通过对澳门手信食品业的两名高层管理人员、一名中层管理人员、澳门手信食品行业协会副会长、两名管理学博士、一名旅游学科博士、数十名手信食品的消费者进行深度访谈，征求对初始量表的意见。

4.1.3 预测试

经过前测性访谈的定性研究，本研究对初始量表进行了初步的检验和适度修改，然后需要对量表的维度是否准确、题项能否反映各个维度进行定量检验。本研究选择 50 人进行预调查，其中 40 名在澳门读书的一年级大学生（内地生源和澳门生源）、10 名在澳门工作的人员。主要因为这类群体对澳门手信食品有一定了解，生活范围比较集中，对问卷的填写比较认真，能够提高研究的内在效度。

4.1.4 信度分析

为了检验统一量表中受访者对所有题项作答的一致性程度，即内部一致性信度，本研究对其 Cronbach's α 值的方法来进行判断。一般来说，Cronbach's α 越接近于 1，就表示该量表的可信度越高，反之，则该量表不理想，需要进行修改或更换。Cronbach's α 的具体评判指标如表 4-8 所示。

表 4-8　Cronbach's α 的评判指标

范围	评判标准
Cronbach's α < 0.3	不可信
0.3 ≤ Cronbach's α < 0.5	勉强可信

续表

范 围	评判标准
0.5 ≤ Cronbach's α < 0.7	可信
0.7 ≤ Cronbach's α < 0.9	很可信
Cronbach's α ≥ 0.9	十分可信

资料来源：Hair 等（1998）

表 4-9 本研究的 Cronbach's α 系数

构 面	Cronbach's α 系数
功能性形象	0.716
象征性形象	0.781
声誉性形象	0.722
经验性形象	0.903
态度	0.711
面子意识	0.823
群体一致意识	0.875
购买意愿	0.867

本研究问卷共有品牌经验性形象、象征性形象、声誉性形象、功能性形象、态度、面子意识、群体一致意识以及购买意愿八个构面，各构面 Cronbach's α 系数均大于 0.7，这表明本问卷信度较高。

4.1.5 探索性因子分析

经过 KMO 检验，KMO 值都在 0.5 以上，说明各变量之间具有相关性，并可以做因子分析。用巴特利特（Bartlett）球形检验测试资料的分布及各个变量间的独立情况，经检验数值都为0.000，就意味着各个变量之间有显著的关联性，适合做因子分析。

表4-10　KMO值和Bartlett球形检验值

概念名称	KMO值	Bartlett球形检验值
功能性形象	0.733	0.000
象征性形象	0.682	0.000
声誉性形象	0.687	0.000
经验性形象	0.844	0.000
态度	0.753	0.000
面子意识	0.593	0.000
群体一致意识	0.744	0.000
购买意愿	0.721	0.000

对品牌形象量表做探索性因子分析，如表4-11所示，第5~8题，4个题项的因子载荷值在0.575~0.740之间，都大于0.5，符合标准，予以保留；第9~11题，3个题项的因子载荷值在0.677~0.800之间，都大于0.5，符合标准，予以保留；第12~14题，3个题项的因子载荷在0.685~0.711之间，都大于0.5，符合标准，予以保留；第15题"我会因名人推荐而购买该品牌手信"在因子1的载荷值为0.404，在因子2的载荷值为

0.425，属于横跨因子，予以删除；第 16～19 题，4 个题项的因子载荷值在 0.799～0.858 之间，都大于 0.5，符合标准，予以保留。

表 4-11　品牌形象各维度的因子载荷表

Rotated Component Matrix^a

	Component			
	1	2	3	4
Q5			0.734	
Q6			0.740	
Q7			0.575	
Q8			0.701	
Q9		0.800		
Q10		0.695		
Q11		0.677		
Q12				0.711
Q13				0.787
Q14				0.685
Q15	0.404	0.425		
Q16	0.807			
Q17	0.858			
Q18	0.821			
Q19	0.799			

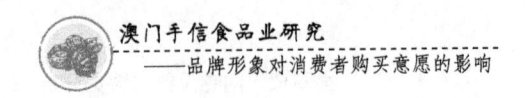

4.1.6 预测试结论

在前测性访谈的定性研究之后，本研究定量分析了问卷的信度和效度，对问卷的题项进行了修正，使问卷更加科学、严谨、合理，并确定大样本正式调查问卷。

本研究正式问卷包括四个部分，第一部分，被调查者的购买情况，共4个题项；第二部分，品牌形象的题项，包含4个维度，共14个题项；第三部分，态度、面子意识、群体一致意识、购买意愿的题项，共12个题项；第四部分，个人资料，包括被调查者的性别、年龄、学历、职业、月收入、受访者类型共6个题项。

4.1.7 正式样本数量

本研究采用立意取样的方法，在澳门游客流量最大的关闸、大三巴、新马路议事厅前地、港澳码头等地发放问卷，抽取有代表性的样本来推估总体。本研究的变量为6个，测量题项为39个，正式样本数量为450份。

4.2 描述性统计分析

4.2.1 受访者购买手信食品情况

在调研问卷完成后,要对问卷的质量进行初步检验,剔除不合格问卷。首先,查看是否有缺页或者空白问卷;其次,查看是否有雷同问卷;再次,查看反问问项。对于反问问项,首先对其进行分值转化,其次使用期望最大法(EM)来处理缺失值(Dempster 等,1977;张文彤,2002),从不完整的数据中获得完整的数据。通过以上方法剔除无效问卷61份,剩下439份有效问卷。

(1)购买次数

439 份有效样本中,只购买过 1~2 次的人数最多,为 141 人,占 32.1%;其次是 10 次以上,有 125 人,占 28.5%;再次是 3~5 次,有 108 人,占 24.6%;最少的为 6~10 次,有 65 人,占 14.8%,如表 4-12 所示。

(2)购买倾向

439 份有效问卷中,购买钜记的受访者最多,有 224 人,占 51%;其次是购买咀香园的有 68 人,占 15.5%;再次为购买其他品牌的有 62 人，占 14.1%；购买英记的有 43 人，占 9.8%；买两种以上的受访者有 42 人，占 9.6%。

表 4-12 购买人次统计表

购买次数	人数	百分比
1~2 次	141	32.1
3~5 次	108	24.6
6~10 次	65	14.8
10 次以上	125	28.5

439 份有效样本中，购买品牌的总数为 504 人次。购买钜记的有 259 人次，占 51.4%；其次是购买咀香园的有 101 人次，占 20.1%；购买英记的有 56 人次，占 11.1%；购买晃记的有 33 人次，占 6.5%；购买最香的有 24 人次，占 4.8%；购买十月初五的有 18 人次，占 3.6%；购买其他品牌的有 13 人次，占 2.6%，买两种以上的受访者有 42 人，占 9.6%。说明消费者大多数偏向于买钜记饼家的手信食品，其次是咀香园、英记、晃记、最香、十月初五等，如表 4-13 所示。

表 4-13 受访者购买手信食品品牌的比例

排序	品牌	购买人次	百分比
1	钜记	259	51.4
2	咀香园	101	20.1
3	英记	56	11.1
4	晃记	33	6.5

续表

排序	品牌	购买人次	百分比
5	最香	24	4.8
6	十月初五	18	3.6
7	其他品牌	13	2.6

受访者购买手信食品品牌的比例

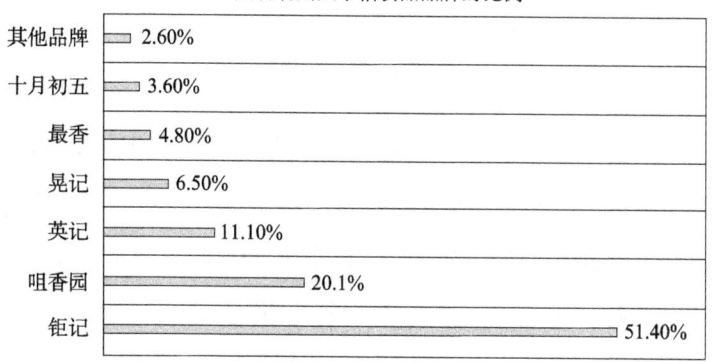

- 其他品牌 2.60%
- 十月初五 3.60%
- 最香 4.80%
- 晃记 6.50%
- 英记 11.10%
- 咀香园 20.1%
- 钜记 51.40%

图 4-2　受访者购买手信食品品牌的比例

（3）购买用途

购买用途中，用于赠送他人的人数最多，有262人，占59.7%；其次是用于自己品尝，占22.6%；两者都有的是78人，占17.8%。说明消费者购买手信主要用于赠送他人。

表 4-14　购买用途统计表

购买用途	人数	百分比
自己品尝	99	22.6
赠送他人	262	59.7
两者都有	78	17.8

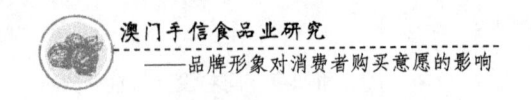

4.2.2 受访者个人资料

(1) 性别情况

在439份有效样本中,男性有187名,占总样本数的42.6%;女性有252名,占总样本数的57.4%。

(2) 年龄分布

在439份有效样本中,在25~35岁这一年龄段的人数最多,共有246人,占总样本数的56%;其次为36~45岁年龄段,为122人,占总样本数的27.8%;再次为46~55岁年龄段,为53人,占总样本数的12.1%;最少的是56岁以上年龄段,有18人,占总样本数的4.1%。购买手信食品的消费者集中在25~35岁这一类人群,这一点与英记饼家提供的数据一致。

(3) 学历

在439份有效样本中,高中或以下学历的为94人,占总样本数的21.4%;大专学历的为139人,占总样本数的31.7%;本科学历的消费者最多,为156人,占总样本数的35.5%;硕士或以上学历的为50人,占总样本数的11.4%。

(4) 受访者类型

在439份有效样本中,中国澳门居民有89人,占20.3%;中国内地游客177人,占40.3%;中国香港游客126人,占28.7%;中国台湾游客7人,占1.6%;外国游客2人,占

0.4%;来澳劳务人员37人,占8.4%;其他情况1人,占0.2%。这说明在来澳门的游客中,仍然以内地游客为主。

(5) 婚姻状况

在439份有效样本中,有234人未婚,占53.3%;196人已婚,占44.6%;其他情况9人,占2.1%。

(6) 月收入

439份有效样本中,个人月收入在5000元以下的有102人,占23.2%;月收入在5001~10000元的有100人,占22.8%;10001~20000元的有131人,占29.8%;20001~50000元的87人,占19.8%;50001元以上19人,占4.3%。

表4-15 人口统计学特征分析表

变量	类别	样本数	百分比
性别	男 女	187 252	42.6 57.4
年龄	(1) 24岁以下 (2) 25~35岁 (3) 36~45岁 (4) 46~55岁 (5) 56岁以上	38 246 122 53 18	8.7 56 27.8 12.1 4.1
学历	高中或以下 大专 本科 硕士或以上	94 139 156 50	21.4 31.7 35.5 11.4

97

续表

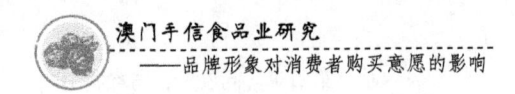

变量	类别	样本数	百分比
受访者类型	澳门居民	89	20.3
	内地游客	177	40.3
	香港游客	126	28.7
	台湾游客	7	1.6
	外国游客	2	0.4
	来澳劳务人员	37	8.4
	其他	1	0.2
婚姻状况	未婚	234	53.3
	已婚	196	44.6
	其他	9	2.1
月收入	(1) 5000元以下	102	23.2
	(2) 5001~10000元	100	22.8
	(3) 10001~20000元	131	29.8
	(4) 20001~50000元	87	19.8
	(5) 50001元~	19	4.3

4.3 信度分析

本研究问卷将品牌形象分为经验性形象、象征性形象、声誉性形象以及功能性形象四个维度，各维度信度均大于0.7，表明本问卷品牌形象量表很可信，见表4-16。

表 4-16　本研究品牌形象四维度 Cronbach's α 系数

维　度	Cronbach's α 系数
经验性形象	0.728
象征性形象	0.733
声誉性形象	0.754
功能性形象	0.906

品牌形象、态度、面子意识、群体一致意识以及购买意愿的 Cronbach's α 系数均大于 0.7，这表明整体问卷信度较高，详见表 4-17。

表 4-17　本研究各变量的 Cronbach's α 系数

构　面	Cronbach's α 系数
品牌形象	0.873
态　度	0.717
面子意识	0.768
群体一致意识	0.860
购买意愿	0.873

4.4　效度分析

本研究采用的是被诸多专家学者应用证实的成熟量表，且综

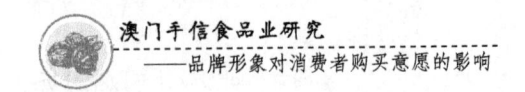

合了多位学者的研究成果，并邀请了从业人员进行技术性的修正，因此具有相当程度的内容效度。

因子分析是最为常用的结构效度检验方法，因此，本研究利用探索性因子分析对品牌形象量表进行分析验证，能够最大限度地说明手信食品品牌形象的若干因子。本研究对品牌形象的14个题项使用主成分分析法来萃取因子，以最大方差法进行因子旋转，因子的分设定在0.4以上。

在进行因子分析前，需要先对量表测量的准确性进行衡量，通常是由 KMO 值与 Bartlett 球形度检验值进行反映的。KMO 值的基本原理是根据变量净相关系数值而得的，介于0~1之间，数值越接近于1表明该量表越适合进行因子分析；越接近于0则表明越不适合进行因子分析。一般来讲，当 KMO 值小于0.5时，就表明问卷量表不适合进行因子分析；当 KMO 值大于0.8时，表明各题项之间的关系是良好的，适合进行因子分析，大于0.9则表明量表极为适合进行因子分析。Bartlett 球形检验值则是用来检验题项之间相关系数是否显著，如果显著（即 $sig < 0.05$）则说明适合做因子分析。

如表4-18所示，其 KMO 值为0.856，Bartlett's 显著性水平 Sig 值为0.000，这表明品牌形象量表适合进行因子分析。

表4-18 KMO与Bartlett's检验结果

Kaiser - Meyer - Olkin Measure of Sampling Adequacy.		0.856
Bartlett's Test of Sphericity	Approx. Chi - Square	2617.728
	df	91
	Sig.	0.000

对各品牌形象指标进行主成分分析，由表4-20的总方差解释结果中可知前4个公因子的特征值均大于1，并且前4个因子对变量总方差的解释程度为67.780%，4个公因子可以解释67.780%的总体变异量，表明原来14个题项反映的信息可以由4个主成分来反映，萃取4个主成分就能达到比较满意的效果。提取到的4个公因子各自的初始方差贡献率分别为36.155%、15.811%、8.262%和7.552%，方差的累计贡献率为67.780%，选取4个公因子便能够有效地代表整个量表衡量品牌形象，具有较好的结构效度，详细数据见表4-20。图4-3亦较为直观地表明了保留4个因子是较为合适的。

表4-19 因子解释总变异量

	初始特征值			旋转平方和加载		
	合计	方差的%	累积%	合计	方差的%	累积%
1	5.062	36.155	36.155	3.227	23.047	23.047
2	2.213	15.811	51.966	2.171	15.509	38.555
3	1.157	8.262	60.228	2.128	15.201	53.757
4	1.057	7.552	67.780	1.963	14.023	67.780

续表

	初始特征值			旋转平方和加载		
	合计	方差的%	累积%	合计	方差的%	累积%
5	0.781	5.582	73.362			
6	0.636	4.546	77.907			
7	0.508	3.630	81.537			
8	0.482	3.442	84.979			
9	0.477	3.404	88.384			
10	0.457	3.262	91.645			
11	0.390	2.786	94.431			
12	0.325	2.322	96.753			
13	0.251	1.795	98.548			
14	0.203	1.452	100.000			

提取方法：主成分分析

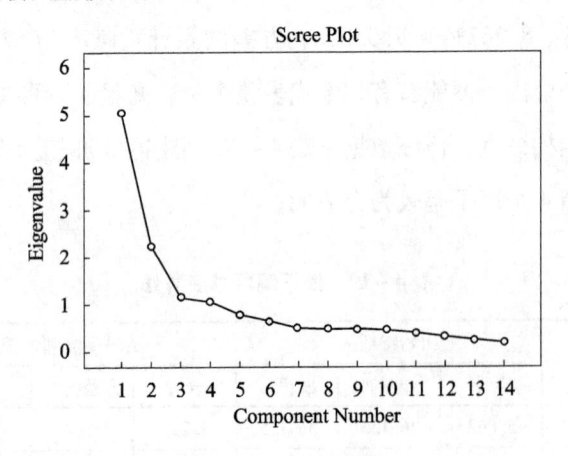

图4-3 因子陡坡图

表4-20表示旋转后因子载荷矩阵，从输出结果来看，通过最大方差法旋转后，发现各题项因子载荷均大于0.5，较为明显地区分了各维度题项，且BI1-BI4分在公因子2-功能性形象，BI5-BI7分在公因子4-象征性形象，BI8-BI10分在公因子3-声誉性形象，BI11-BI14分在公因子1-经验性形象。品牌形象量表由经验性形象、功能性形象、声誉性形象以及象征性形象四个维度组成。

表4-20 旋转后的因子载荷矩阵

因子	题项	因子载荷			
		1	2	3	4
功能性形象	BI1 该品牌手信是非常实用的		0.748		
	BI2 该品牌手信食品安全让我放心		0.773		
	BI3 该品牌手信的包装、外观是精美的		0.579		
	BI4 该品牌手信质量很好		0.700		
象征性形象	BI5 购买该品牌手信能代表我的社会地位				0.742
	BI6 赠送该品牌手信能增强人际关系				0.794
	BI7 购买该品牌手信是流行的				0.656
声誉性形象	BI8 该品牌手信拥有良好的声誉			0.761	
	BI9 该品牌手信是手信业的领导品牌			0.813	
	BI10 我的朋友中很多人有该品牌手信			0.744	

续表

因子	题项	因子载荷			
		1	2	3	4
经验性形象	BI11 该品牌手信可满足我追求生活乐趣的感觉	0.828			
	BI12 该品牌手信给予我温馨的感觉	0.866			
	BI13 该品牌手信可满足我追求多样化生活的感觉	0.862			
	BI14 该品牌手信给予我欢乐的感觉	0.842			

由因子分析的结果可知，手信食品品牌形象的4个维度结构清晰，方差解释率达到了68.780%，符合研究要求，具有较好的结构效度，能够较好地解释手信食品的品牌形象。

4.5 相关性分析

相关性分析是指对两个或多个变量的相关性进行分析，以此来测量两个变量因素之间的相关程度。本研究品牌形象与态度，面子意识、群体一致意识以及购买意愿之间的相关性由下表可见，品牌形象各维度与其他构面均具较为显著的相关性。

表4-21 旋转后的因子载荷矩阵

	经验性	象征性	声誉性	功能性	态度	面子意识	群体一致意识	购买意愿
经验性	1							
象征性	0.354**	1						
声誉性	0.501**	0.370**	1					
功能性	0.282**	0.520**	0.277**	1				
态度	0.382**	0.262**	0.441**	0.201**	1			
面子意识	0.174**	0.646**	0.233**	0.523**	0.262**	1		
群体一致意识	0.185**	0.339**	0.293**	0.190**	0.332**	0.454**	1	
购买意愿	0.461**	0.321**	0.514**	0.281**	0.589**	0.375**	0.556**	1

**. Correlation is significant at the 0.01 level (2-tailed).

4.6 假设检验

4.6.1 品牌形象与购买意愿的假设检验

以品牌形象为自变量,购买意愿为因变量,通过回归的方法对假设进行检验,回归结果 F 值为 147.653,Sig. 值为 0.000,表明该回归效果显著。调整后 R^2 为 0.251,表明品牌形象解释了购买意愿 25.1% 的变化。品牌形象的回归系数为

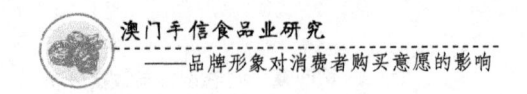

0.503，且十分显著，表明手信食品品牌形象对购买意愿呈显著正向影响。

  以品牌形象中四个维度为自变量，购买意愿为因变量，通过回归的方法对假设进行检验，回归结果见表4-22。F值为54.259，Sig.值为0.000，表明该回归效果显著。调整后R^2为0.327，表明品牌形象维度解释了购买意愿32.7%的变化。功能性形象的回归系数为0.294，且十分显著，表明手信食品功能性形象对购买意愿呈显著正向影响；象征性形象的回归系数为0.051，但不显著，表明象征性形象对购买意愿有正向影响，但不显著；声誉性形象的回归系数是0.349，且十分显著，表明声誉性形象对购买意愿有显著的正向影响；经验性形象的回归系数是0.074，并不显著，表明经验性形象对购买意愿有正向影响，但不显著。

表4-22　品牌形象与购买意愿的假设检验

	非标准化回归系数	标准差	标准化回归系数	t	Sig.	R^2	Adj. R^2	F	Sig.
常量	1.714	0.179		9.577	0.000	0.253	0.251	147.653	0.000
品牌形象	0.602	0.050	0.503	12.151	0.000				

4.6.2 态度与购买意愿的假设检验

以态度为自变量,购买意愿为因变量,通过回归的方法对假设进行检验,回归结果 F 值为 231.935,Sig. 值为 0.000,表明该回归效果显著。调整后 R^2 为 0.345,表明态度解释了购买意愿 34.5% 的变化。态度的回归系数为 0.589,且十分显著,表明手信食品态度对购买意愿呈显著正向影响。

表 4-23　态度与购买意愿的假设检验

	非标准化回归系数	标准差	标准化回归系数	t	Sig.	R^2	Adj. R^2	F	Sig.
常量	1.551	0.154		10.080	0.000	0.347	0.345	231.935	0.000
态度	0.600	0.039	0.589	15.229	0.000				

4.6.3 面子意识与购买意愿的假设检验

以面子意识为自变量,购买意愿为因变量,通过回归的方法对假设进行检验,回归结果 F 值为 71.310,Sig. 值为 0.000,表明该回归效果显著。调整后 R^2 为 0.138,表明面子意识解释了购买意愿 13.8% 的变化。面子意识的回归系数为 0.375,且十分显著,表明面子意识对购买意愿呈显著正向影响。

表4-24 面子意识与购买意愿的假设检验

	非标准化回归系数	标准差	标准化回归系数	t	Sig.	R^2	Adj. R^2	F	Sig.
常量	2.780	0.131		21.158	0.000	0.140	0.138	71.310	0.000
面子意识	0.338	0.040	0.375	8.445	0.000				

4.6.4 群体一致意识与购买意愿的假设检验

以群体一致意识为自变量,购买意愿为因变量,通过回归的方法对假设进行检验,回归结果F值为195.666,Sig.值为0.000,表明该回归效果显著。调整后R^2为0.308,表明群体一致意识解释了购买意愿30.8%的变化。群体一致意识的回归系数为0.556,且十分显著,表明群体一致意识对购买意愿呈显著正向影响。

表4-25 群体一致意识与购买意愿的假设检验

	非标准化回归系数	标准差	标准化回归系数	t	Sig.	R^2	Adj. R^2	F	Sig.
常量	2.095	0.129		16.244	0.000	0.309	0.308	195.666	0.000
面子意识	0.482	0.034	0.556	13.988	0.000				

4.6.5 品牌形象与态度的假设检验

以品牌形象为自变量,态度为因变量,通过回归的方法对假设进行检验,回归结果 F 值为 84.761,Sig. 值为 0.000,表明该回归效果显著。调整后 R^2 为 0.162,表明品牌形象解释了态度 16.1% 的变化。品牌形象的回归系数为 0.403,且十分显著,表明手信食品品牌形象对态度呈显著正向影响。

以品牌形象中四个维度为自变量,态度为因变量,通过回归的方法对假设进行检验,回归结果 F 值为 33.190,Sig. 值为 0.000,表明该回归效果显著。调整后 R^2 为 0.227,表明品牌形象维度解释了态度 22.7% 的变化。功能性形象的回归系数为 0.196,且十分显著,表明手信食品功能性形象对态度呈显著正向影响;象征性形象的回归系数为 0.064,但不显著;表明象征性形象对态度有正向影响;但不显著;声誉性形象的回归系数是 0.312,且十分显著,表明声誉性形象对态度有显著的正向影响;经验性形象的回归系数是 0.034,并不显著,表明经验性形象对态度有正向影响,但不显著。

4.6.6 品牌形象与面子意识的假设检验

以品牌形象为自变量,面子意识为因变量,通过回归的方法

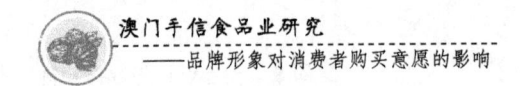

对假设进行检验，回归结果 F 值为 215.415，Sig. 值为 0.000，表明该回归效果显著。调整后 R^2 为 0.329，表明品牌形象解释了面子意识32.9%的变化。品牌形象的回归系数为 0.575，且十分显著，表明手信食品品牌形象对面子意识呈显著正向影响。

表4-26 品牌形象与态度的假设检验

	非标准化回归系数	标准差	标准化回归系数	t	Sig.	R^2	Adj. R^2	F	Sig.
常量	2.165	0.186		11.641	0.000	0.162	0.161	84.761	0.000
品牌形象	0.474	0.052	0.403	9.207	0.000				
常量	1.503	0.216		6.944	0.00				
功能性形象	0.234	0.060	0.196	3.924	0.000				
象征性形象	0.049	0.040	0.064	1.229	0.220	0.234	0.227	33.190	0.000
声誉性形象	0.309	0.050	0.312	6.235	0.000				
经验性形象	0.018	0.034	0.026	0.525	0.600				

以品牌形象中四个维度为自变量，面子意识为因变量，通过回归的方法对假设进行检验，回归结果 F 值为97.009，Sig. 值为0.000，表明该回归效果显著。调整后 R^2 为 0.467，表明品牌形象维度解释了面子意识46.7%的变化。功能性形象的回归系数为 -0.096，且显著，表明手信食品功能性形象对面子意识呈显著负向影响；象征性形象的回归系数为 0.469，且十分显著，表明象征性形象对面子意识有显著的正向影响；声誉性形象的回归系数是 0.010，但不显著，表明声誉性形象对面子意识有正向影

响，但不显著；经验性形象的回归系数是 0.207，且十分显著，表明经验性形象对面子意识有显著的正向影响。

表 4-27 品牌形象与面子意识的假设检验

	非标准化回归系数	标准差	标准化回归系数	t	Sig.	R^2	Adj. R^2	F	Sig.
常量	0.484	0.188		2.578	0.010	0.330	0.329	215.415	0.000
品牌形象	0.763	0.052	0.575	14.677	0.000				
常量	1.487	0.203		7.338	0.000				
功能性形象	-0.129	0.056	-0.096	-2.312	0.021				
象征性形象	0.469	0.038	0.537	12.500	0.000	0.472	0.467	97.009	0.000
声誉性形象	0.010	0.046	0.009	0.207	0.836				
经验性形象	0.207	0.032	0.268	6.504	0.000				

4.6.7 品牌形象与群体一致意识的假设检验

以品牌形象为自变量，群体一致意识为因变量，通过回归的方法对假设进行检验，回归结果 F 值为 53.364，Sig. 值为 0.000，表明该回归效果显著。调整后 R^2 为 0.107，表明品牌形象解释了群体一致意识 10.7% 的变化。品牌形象的回归系数为 0.330，且十分显著，表明手信食品品牌形象对群体一致意识呈显著正向影响。

以品牌形象中四个维度为自变量，群体一致意识为因变量，通过回归的方法对假设进行检验,回归结果 F 值为 18.815,Sig. 值为 0.000,表明该回归效果显著。调整后 R^2 为 0.140,表明品牌形象维度解释了群体一致意识 14% 的变化。功能性形象的回归系数为 -0.010,但不显著,表明手信食品功能性形象对群体一致意识有负向影响,但不显著;象征性形象的回归系数为 0.271,且十分显著,表明象征性形象对群体一致意识有显著的正向影响;声誉性形象的回归系数是 0.199,且十分显著,表明声誉性形象对群体一致意识有显著的正向影响;经验性形象的回归系数是 -0.003,但并不显著,表明经验性形象对群体一致意识有负向影响,但并不显著。

表 4-28　品牌形象与群体一致意识的假设检验

	非标准化回归系数	标准差	标准化回归系数	t	Sig.	R^2	Adj. R^2	F	Sig.
常量	2.043	0.225		9.067	0.000	0.109	0.107	53.364	0.000
品牌形象	0.456	0.062	0.330	7.305	0.000				
常量	2.020	0.268		7.534	0.000	0.148	0.140	18.815	0.000
功能性形象	-0.014	0.074	-0.010	-0.192	0.848				
象征性形象	0.247	0.050	0.271	4.972	0.000				
声誉性形象	0.231	0.061	0.199	3.761	0.000				
经验性形象	-0.003	0.042	-0.003	-0.067	0.947				

4.6.8 中介变量作用分析

中介关系分为完全中介、部分中介和无中介三种类型,他们可以通过回归分析的方法检验(Kelloway,1998)。

首先,中介变量对自变量进行回归,自变量的回归系数达到显著水平;其次,因变量对自变量进行回归,自变量的回归系数达到显著水平;最后,因变量同时对中介变量和自变量进行回归,中介变量回归系数达到显著性水平,自变量的回归系数变小。若自变量的回归系数减小到不显著水平,则中介变量起着完全中介效应;若自变量回归系数变小,但仍然达到显著性水平,则为部分中介效应。

1. 态度在品牌形象与购买意愿之间中介效应的检测

上文已经证实品牌形象与购买意愿,品牌形象与态度,态度与购买意愿关系均显著,自变量品牌形象与因变量购买意愿显著正相关。在品牌形象与购买意愿的回归中引入态度后,品牌形象与购买意愿关系仍然显著,但相关系数有所降低,因此,态度在品牌形象和购买意愿关系中起到部分中介作用。

2. 面子意识在品牌形象与购买意愿之间中介效应的检测

上文已经证实品牌形象与购买意愿,品牌形象与面子意识,面子意识与购买意愿关系均显著。由表4-30可见,自变量品牌形象与因变量购买意愿显著正相关,在品牌形象与购买态度的回归中引入面子意识后,品牌形象与购买意愿关系仍然显著,但相关系数有所降低。因此,面子意识在品牌形象和购买意愿关系中起到部分中介作用。

表4-29 态度的中介效应检测表

因变量	自变量	非标准化系数 B	标准差	标准化系数 β	t	Sig.
购买意愿	(常量)	0.697	0.179		3.894	0.000
	品牌形象	0.380	0.047	0.317	8.020	0.000
	态度	0.470	0.040	0.461	11.681	0.000

表4-30 面子意识的中介效应检测表

因变量	自变量	非标准化系数 B	标准差	标准化系数 β	t	Sig.
购买意愿	(常量)	1.658	0.179		9.253	0.000
	品牌形象	0.514	0.060	0.429	8.542	0.000
	面子意识	0.116	0.045	0.128	2.550	0.011

3. 群体一致意识在品牌形象与购买意愿之间中介效应的检测

上文已经证实品牌形象与购买意愿,品牌形象与群体一致意识,群体一致意识与购买意愿关系均显著。由表4-31可见,自变量品牌形象与因变量购买意愿显著正相关,在品牌形象与购买意愿的回归中引入群体一致意识后,品牌形象与购买意愿关系仍然显著,但相关系数有所降低。因此,群体一致意识在品牌形象和购买意愿的关系中起到部分中介作用。

表4-31　群体一致意识的中介效应检测表

因变量	自变量	非标准化系数 B	非标准化系数 标准差	标准化系数 β	t	Sig.
购买意愿	（常量）	0.938	0.171		5.469	0.000
	品牌形象	0.429	0.046	0.358	9.296	0.000
	群体一致意识	0.380	0.033	0.438	11.371	0.000

4. 态度在品牌形象各维度与购买意愿之间中介效应的检测

表4-32是态度在品牌形象各维度与购买意愿之间中介效应的检测表。由表可见，态度分别在功能性形象、象征性形象、声誉性形象以及经验性形象与购买意愿的关系中起到部分中介作用。

表4-32　态度在品牌形象各维度与购买意愿关系中的中介效应检测表

因变量	自变量	非标准化系数 B	非标准化系数 标准差	标准化系数 β	t	Sig.
购买意愿	（常量）	0.616	0.198	—	3.101	0.002
	功能性形象	0.338	0.048	0.277	6.963	0.000
	态度	0.492	0.040	0.483	12.161	0.000
购买意愿	（常量）	1.266	0.163	—	7.770	0.000
	象征性形象	0.142	0.031	0.179	4.578	0.000
	态度	0.552	0.040	0.542	13.832	0.000
购买意愿	（常量）	2.164	0.167	—	12.948	0.000
	声誉性形象	0.437	0.043	0.441	10.272	0.000
	态度	2.164	0.167	—	12.948	0.000

续表

因变量	自变量	非标准化系数 B	非标准化系数 标准差	标准化系数 β	t	Sig.
购买意愿	（常量）	0.862	0.169	—	5.098	0.000
	经验性形象	0.319	0.041	0.316	7.819	0.000
	态度	0.458	0.041	0.450	11.130	0.000

5. 面子意识在品牌形象各维度与购买意愿之间中介效应的检测

表4-33是面子意识在品牌形象各维度与购买意愿之间中介效应的检测表。由表可见，面子意识分别在功能性形象、象征性形象、声誉性形象以及经验性形象与购买意愿的关系中起到部分中介作用。

表4-33　面子意识在品牌形象各维度与购买意愿关系中的中介效应检测表

因变量	自变量	非标准化系数 B	非标准化系数 标准差	标准化系数 β	t	Sig.
购买意愿	（常量）	0.993	0.214	—	4.644	0.000
	功能性形象	0.498	0.050	0.408	10.050	0.000
	面子意识	0.274	0.037	0.303	7.468	0.000
购买意愿	（常量）	2.678	0.138	—	19.446	0.000
	象征性形象	0.107	0.046	0.136	2.356	0.019
	面子意识	0.259	0.052	0.287	4.962	0.000
购买意愿	（常量）	1.319	0.174	—	7.561	0.000
	声誉性形象	0.455	0.041	0.451	11.216	0.000
	面子意识	0.243	0.036	0.269	6.691	0.000

续表

因变量	自变量	非标准化系数 B	标准差	标准化系数 β	t	Sig.
购买意愿	（常量）	2.704	0.135	—	20.016	0.000
	经验性形象	0.082	0.036	0.117	2.263	0.024
	面子意识	0.283	0.047	0.313	6.050	0.000

6. 群体一致意识在品牌形象各维度与购买意愿之间中介效应的检测

由表4-34可见，群体一致意识分别在功能性形象、象征性形象、声誉性形象以及经验性形象与购买意愿的关系中起到部分中介作用。

表4-34 群体一致意识在品牌形象各维度与购买意愿关系中的中介效应检测表

因变量	自变量	非标准化系数 B	标准差	标准化系数 β	t	Sig.
购买意愿	（常量）	0.501	0.195	—	2.573	0.010
	功能性形象	0.453	0.044	0.371	10.201	0.000
	群体一致意识	0.423	0.032	0.488	13.400	0.000
购买意愿	（常量）	1.864	0.143	—	13.080	0.000
	象征性形象	0.118	0.033	0.150	3.589	0.000
	群体一致意识	0.438	0.036	0.505	12.117	0.000
购买意愿	（常量）	0.949	0.161	—	5.906	0.000
	声誉性形象	0.388	0.038	0.384	10.285	0.000
	群体一致意识	0.385	0.032	0.444	11.878	0.000

续表

因变量	自变量	非标准化系数 B	非标准化系数 标准差	标准化系数 β	t	Sig.
购买意愿	（常量）	1.811	0.140	—	12.892	0.000
	经验性形象	0.127	0.028	0.182	4.595	0.000
	群体一致意识	0.452	0.034	0.522	13.174	0.000

4.6.9 方差分析

本研究经过整理，剔除 Sgi. 值大于 0.05 的对结果影响小的部分，将各变量结果的影响程度进行分析，结果如下。

1. 购买次数

如表 4-35 所示，态度、象征性形象、声誉性形象的方差分析结果最显著，说明不同购买次数的受访者在态度、品牌形象方面具有差异，尤其是象征性形象和声誉性形象方面具有显著差异。购买次数越多的人，对品牌的认同度越高，也越看重品牌形象，尤其是声誉性形象。购买次数为 6~10 次的受访者，最认可所购买品牌的象征性形象和声誉性形象。

表 4-35 购买次数的方差分析结果

因子	1~2次	3~5次	6~10次	10次以上	显著性
态度	3.7754	3.7840	3.8872	4.0053	0.008
象征性形象	3.1749	3.3209	3.4615	3.4053	0.038

续表

因子	1~2次	3~5次	6~10次	10次以上	显著性
声誉性形象	3.7375	3.8425	3.9641	4.0266	0.001
品牌形象	3.4721	3.5628	3.6494	3.6514	0.021

2. 最倾向于购买哪一个品牌的手信

如表4-36所示，功能性形象和声誉性形象的方差分析结果最显著，说明购买不同品牌的受访者在品牌的功能性形象和声誉性形象方面具有差异。购买钜记的受访者最看重品牌的声誉性形象；购买咀香园的受访者最认同品牌的功能性形象；而购买两种以上的受访者最不看重功能性形象；购买英记的受访者最不看重声誉性形象。

表4-36 最倾向的品牌方差分析结果

因子	钜记	英记	咀香园	其他	两种以上	显著性
功能性形象	4.0458	3.8837	4.1066	3.9355	3.8095	0.007
声誉性形象	4.0119	3.5736	3.9656	3.6774	3.6428	0.000

3. 购买手信食品的用途

如表4-37所示，群体一致意识和象征性形象的方差分析结果最显著，说明购买不同品牌的受访者在群体一致意识和象征性形象方面具有差异。用于赠送他人的受访者相较用于自己品尝的受访者，更看重群体一致意识；用于赠送他人的受访者相较用于自己品尝的受访者，更看重品牌的象征性形象。

表4-37　购买用途的方差分析结果

因子	自己品尝	赠送他人	两者都有	显著性
群体一致意识	3.5000	3.7214	3.7244	0.025
象征性形象	3.1279	3.3765	3.3675	0.023

4. 受访者性别

如表4-38所示,群体一致意识更显著,说明男性受访者更具有群体一致意识。

表4-38　受访者性别的方差分析结果

变量	男	女	显著性
群体一致意识	3.7193	3.6369	0.009
品牌形象	3.5569	3.5827	0.605

5. 受访者年龄

如表4-39所示,说明不同年龄的受访者在态度、面子意识、群体一致意识、购买意愿、功能性形象、象征性形象、声誉性形象方面都具有差异。46~55岁的受访者对品牌的认同度最高,他们最看重手信食品品牌的功能性形象和象征性形象,他们也最看重面子;55岁以上的受访者最认同群体一致意识,最看重手信食品的声誉性形象;25~35岁的受访者具有最强的购买意愿;25岁以下的受访者最不具有购买意愿,并不看面子意识和群体一致意识。

表4-39 受访者年龄的方差分析结果

因子	25岁以下	26~35岁	36~45岁	46~55岁	55岁以上	显著性
态度	3.2777	3.9110	3.8300	3.9565	3.8333	0.000
面子意识	2.7188	3.2470	3.1725	3.3424	3.1667	0.004
群体一致意识	2.8750	3.7310	3.6750	3.7280	3.7500	0.000
购买意愿	2.6527	3.9986	3.8166	3.8985	3.8148	0.000
功能性形象	3.6354	4.0388	3.9475	4.1304	3.9306	0.001
象征性形象	2.9027	3.3107	3.3033	3.5797	3.4074	0.016
声誉性形象	3.3333	3.9136	3.8933	3.9202	3.9444	0.000

6. 学历

如表4-40所示,说明不同学历的受访者在态度和购买意愿方面都具有差异。硕士或以上学历的受访者对所购买品牌的认同度最高,并且他们具有最强的购买意愿。

表4-40 受访者学历的方差分析结果

因子	高中或以下	大专	本科	硕士或以上	显著性
态度	3.9326	3.7218	3.8675	4.0800	0.002
购买意愿	3.9113	3.7050	3.9230	4.0466	0.001

7. 购买人群

如表4-41所示,说明不同来源的受访者在态度、群体一致意识、品牌形象、功能性形象、声誉性形象、经验性形象方面有显著差异。中国台湾游客最看重品牌形象,尤其看重经验性形象,对所购买品牌最认同;中国内地游客最具有群体一致意识;

121

外国游客最看重功能性形象；外劳最看重声誉性形象。

表4-41 购买人群的方差分析结果

因子	中国游客				外国游客	外劳	显著性
	中国澳门居民	中国内地游客	中国香港游客	中国台湾游客			
态度	3.7228	3.8838	3.8703	4.2857	3.3333	3.9819	0.046
群体一致意识	3.4440	3.7440	3.7420	3.7140	2.7500	3.6760	0.008
功能性形象	3.9354	4.0084	3.9544	4.3571	4.6250	4.1824	0.017
声誉性形象	3.7902	3.8913	3.8306	3.8571	3.8333	4.2072	0.020
经验性形象	2.9129	3.2781	3.0040	3.6071	2.8750	2.9527	0.006
品牌形象	3.4390	3.6320	3.5351	3.8877	3.6785	3.6602	0.026

8. 受访者婚姻状况

如表4-42所示，说明不同婚姻状况的受访者在态度、群体一致意识、购买意愿、象征性形象方面具有差异。已婚的受访者最看重群体一致意识、最看重功能性形象和象征性形象。

表4-42 受访者婚姻状况的方差分析结果

因子	未婚	已婚	其他	显著性
态度	3.7920	3.9438	3.7777	0.033
群体一致意识	3.5940	3.7700	3.5560	0.034
购买意愿	3.8076	3.9438	3.6666	0.047
象征性形象	3.2250	3.4268	3.4074	0.028

9. 受访者的月收入

如表 4-43 所示，说明不同收入的受访者在购买意愿、功能性形象、声誉性形象方面具有差异。月薪在 50001 元以上的受访者最有购买意愿，他们也最看重功能性形象和声誉性形象。

表 4-43 受访者月收入的方差分析结果

因子	5000元以下	5001~10000元	10001~20000元	20001~50000元	50001元~	显著性
购买意愿	3.8398	3.8333	3.8549	3.8429	4.3508	0.015
功能性形象	4.0515	3.9550	3.9427	4.0000	4.3816	0.006
声誉性形象	3.9477	3.8933	3.7888	3.8429	4.2280	0.031

4.7 实证结果分析与讨论

4.7.1 假设验证结果分析

本研究提出的全部假设得到实证验证，检验结果全部假设成立，如表 4-44 所示。

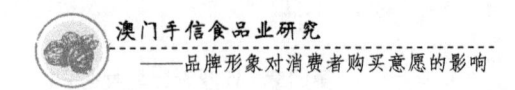

表4-44 假设检验结果汇总表

序号	假设	内容	检验结果
1	H1	澳门手信食品的品牌形象对消费者购买意愿产生正向影响	支持
2	H1-a	澳门手信食品品牌的功能性形象对购买意愿产生正向影响	支持
3	H1-b	澳门手信食品品牌的象征性形象对购买意愿产生正向影响	支持
4	H1-c	澳门手信食品品牌的声誉性形象对购买意愿产生正向影响	支持
5	H1-d	澳门手信食品品牌的经验性形象对购买意愿产生正向影响	支持
6	H2	澳门手信食品的品牌形象对态度产生正向影响	支持
7	H2a	澳门手信食品品牌的功能性形象对态度产生正向影响	支持
8	H2b	澳门手信食品品牌的象征性形象对态度产生正向影响	支持
9	H2c	澳门手信食品品牌的经验性形象对态度产生正向影响	支持
10	H2d	澳门手信食品品牌的声誉性形象对态度产生正向影响	支持
11	H3	澳门手信食品的品牌形象对面子意识产生正向影响	支持
12	H3a	澳门手信食品品牌的功能性形象对面子意识产生正向影响	不支持
13	H3b	澳门手信食品品牌的经验性形象对面子意识产生正向影响	支持
14	H3c	澳门手信食品品牌的象征性形象对面子意识产生正向影响	支持
15	H3d	澳门手信食品品牌的声誉性形象对面子意识产生正向影响	支持
16	H4	澳门手信食品的品牌形象对群体一致意识产生正向影响	支持
17	H4a	澳门手信食品品牌的功能性形象对群体一致意识产生正向影响	不支持
18	H4b	澳门手信食品品牌的经验性形象对群体一致意识产生正向影响	不支持
19	H4c	澳门手信食品品牌的象征性形象对群体一致意识产生正向影响	支持
20	H4d	澳门手信食品品牌的声誉性形象对群体一致意识产生正向影响	支持

续表

序号	假设	内 容	检验结果
21	H5	澳门手信食品消费者的态度对购买意愿产生正向影响	支持
22	H6	澳门手信食品消费者的面子意识对购买意愿产生正向影响	支持
23	H7	澳门手信食品消费者的群体一致意识对购买意愿产生正向影响	支持
24	H8	态度在品牌形象与购买意愿之间存在中介作用	支持
25	H9	面子意识在品牌形象与购买意愿之间存在中介作用	支持
26	H10	群体一致意识在品牌形象与购买意愿之间存在中介作用	支持

4.7.2 品牌形象的构成及属性

本研究在对品牌形象的测量体系进行研究的基础上，参考 Park 等（1986）、Keller（1993）、Klein 等（1999）、Lardinoit 等（2001）、邱玮珍（2006）、郝俊峰等（2010）对品牌形象测量体系的成熟量表，对其中的测量指标进行筛选后，结合对专家访问咨询和对问卷前测，对澳门手信食品业的品牌形象进行测量，运用 KMO 测度和 Bartlett 球形检验，主成分分析法等方法进行分析之后，最终确定了澳门手信食品业品牌形象的四个维度：功能性形象、象征性形象、声誉性形象、经验性形象。

澳门手信食品品牌的功能性形象意味着澳门手信食品实用性强、食品安全、质量有保障、包装精美。

澳门手信食品品牌的象征性形象意味着购买手信食品是流行

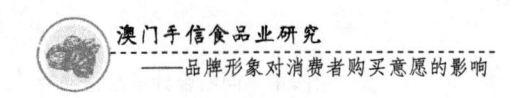

的，并且能够增强消费者在社会交往中的人际关系。

澳门手信食品品牌的声誉性形象意味着该品牌手信食品在行业内具有良好的声誉和口碑，该品牌是行业中的领导品牌。

澳门手信食品品牌的经验性形象意味着购买澳门手信食品有一种温馨快乐的感觉，是追求生活多样化的表现。

4.7.3 描述性统计情况

受访者中中国内地游客最多，其次是中国香港游客、中国澳门居民、外劳、中国台湾游客以及外国游客，这个结果与澳门统计局对游客构成的统计一致。这说明来澳门的游客越多，购买手信的消费者越多，而且手信食品的消费者以中国内地游客为主。

受访者中，购买手信食品最多的是 25~35 岁的消费者，超过总受访人数的一半，而且未婚的本科学历的游客最多。笔者推测这是由于以游客为主的消费者，面对当地特产，他们比年纪大的人群更容易接受新鲜事物，而且这类人群更热衷于自由行，他们有更多的机会在自由行的时间里购买手信食品。

受访者中，除了月收入 50001 元以上的消费者比较少以外，其他档次收入的消费者的区分并不明显，这说明收入在各个档次的消费者都喜欢购买手信食品。

受访者中，购买 1~2 次的消费者最多，说明很多消费者是游客，很可能第一次来澳门旅游。购买手信食品用于送人的占大多数，说明消费者喜欢把手信食品当作礼物赠送他人，因此，可以推测将手信食品当作礼物赠送时，消费者会更注重品牌的名声和包装的精美程度，包装精美的、有名气的品牌更受欢迎。

受访者中，消费者最喜爱的品牌是钜记，选择钜记的受访者占一半以上，其次是咀香园、英记、晃记、最香、十月初五等品牌。钜记与香港电视台 TVB 的合作，在珠三角地区得到广泛宣传推广。消费者选择钜记最多，这可能与钜记的门店最多，并且与开在关闸、大三巴、新马路喷水池、外港码头等人流量大的地点有关，热闹景点重复出现钜记字样的门店，为消费者的购买提供了便利；并且钜记首先开创了免费试吃的营销方式，并在店铺门口设有现场手工制作的演示，吸引潜在消费者进店消费。另外，钜记的手信食品中消费者可选择的种类非常多，并且有很多导购员跟随消费者指导购买，为消费者包装整齐，包装的提手处不勒手，相比其他品牌的服务更体贴周到。在澳门，钜记已经连续 13 年销量第一，属于澳门手信食品里的大牌，是目前权威的知名品牌，注重面子、有从众心理的消费者往往喜欢购买钜记。

4.7.4　消费者人口统计属性对各变量的影响

本研究采用方差分析的方法研究消费者的人口统计属性在品牌形象、态度、面子意识、群体一致意识、购买意愿方面的差异性，发现 25~35 岁的消费者和具有硕士以上学历的消费者的购

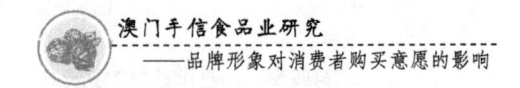

买意愿最强，这可能是因为这两类人群都更愿意接受新鲜事物，把手信食品当作澳门的符号，承载着旅行的意义；46~55岁的消费者最看重面子，他们与已婚消费者一样都更注重手信食品品牌的功能性形象和象征性形象，这可能是由于这类人群的社交范围更广，有更多的人情往来，希望通过品牌提升自己在社交圈中的地位，希望手信食品既好吃又包装精致能够体面地送人；外劳与56岁以上的消费者更看重声誉性形象，他们与男性消费者、中国内地游客、已婚消费者一样更具有群体一致意识，这几类消费者可能对消费更理性，是靠企业的口碑来判断选择哪一个品牌，而口碑来自身边人的推荐；24岁以下的消费者最不看重面子，可能因为这类人群中学生居多，或者刚进入社会，并不急于提升自己的面子和社会地位，社交范围不够宽泛；中国台湾游客、硕士或以上学历的消费者与46~55岁消费者一样都很认同购买手信食品；外国游客更看重品牌的功能性形象，说明外国人从远方来澳门更关注澳门的风土人情，作为当地的特色食品，它的食用功能会更被看重，另外语言不通，可参考的信息不全面，手信食品的包装作为视觉元素会更容易被看作判断是否购买的依据；中国台湾游客更看重品牌的经验性形象，说明这类消费者更加感性、更注重消费过程中的体验。

4.7.5 消费者倾向的品牌对各变量的影响

本研究采用方差分析的方法研究消费者倾向的手信食品品牌

在品牌形象、态度、面子意识、群体一致意识、购买意愿方面的差异性,发现受访者在对品牌的功能性形象和声誉性形象方面有差异。

统计分析表明,购买钜记手信食品的消费者更看重品牌的声誉性形象,笔者推测这是因为钜记在目前的澳门手信食品市场上是最知名的品牌,看重品牌声誉的消费者更喜欢购买钜记的手信食品。购买咀香园手信食品的消费者更看重品牌的功能性形象,笔者推测这是因为咀香园最早是以炭烧杏仁饼起家,了解澳门品牌手信的消费者比不了解的消费者有更多的市场信息,他们不仅注重品牌的名气,还会看重手信食品的食用功能。因为手信食品业的产品在功能上的差异很小,都是作为零食食用,因此购买两种以上品牌的消费者最不看重品牌的功能性形象。

4.7.6 消费者购买的次数对各变量的影响

本研究采用方差分析的方法研究消费者购买的次数在品牌形象、态度、面子意识、群体一致意识、购买意愿方面的差异性,发现受访者在面子意识、品牌的象征性形象和声誉性形象方面有差异。

统计分析表明,购买手信食品次数越多的消费者在态度上对品牌的认同度越高,并且对品牌的象征性形象和声誉性形象更看重。笔者推测这是因为手信食品的差异很小,各个品牌的产品大同小异,很少有品牌进行市场细分。消费者多次购买主要用作送

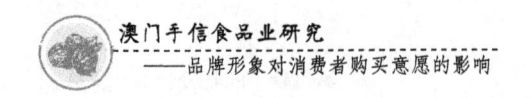

礼的手信食品，往往会选择包装精美、名气大的品牌增加自己的面子，所以他们更看重品牌的象征性形象和声誉性形象。

4.7.7 消费者购买的用途对各变量的影响

本研究采用方差分析的方法研究消费者购买的用途在品牌形象、态度、面子意识、群体一致意识、购买意愿方面的差异性，发现受访者在群体一致意识和象征性形象方面有差异。

笔者推测购买手信食品用于赠送他人的消费者大多数是外地来澳门的游客，他们把手信食品当作礼品，所以会更看重礼品的象征意义。当这些消费者对市场信息不了解时，更倾向于看身边的人选择或推荐哪一个品牌而产生从众的心理。

4.8 小结

本研究结合专家学者的成熟量表设计问卷，对问卷进行预测试，结合对澳门手信食品业专家的访谈和咨询，对量表进行调整，经过信度效度检验得到正式样本。发放450份问卷，收集到439份有效问卷并进行数据统计。

本研究运用描述性统计方法对样本的人口属性特征分布进行了统计；运用方差分析的方法，探讨消费者的人口统计属性、购买次数、购买的品牌对功能性品牌形象、象征性品牌形象、声誉性品牌形象、经验性品牌形象、消费者的态度、面子意识、群体一致意识、购买意愿的影响；运用回归分析的方法证明品牌形象与购买意愿、品牌形象与态度、态度与购买意愿的关系均为显著，品牌形象能够对购买意愿产生正向影响；运用中介效应分析态度、面子意识、群体一致意识三个变量分别在品牌形象对购买意愿的影响中起到部分中介的作用；最后，对统计结果结合澳门手信食品行业的实际情况进行有针对性的分析和讨论。

第五章 结论与建议

5.1 研究结论

5.1.1 澳门手信食品品牌形象的构成可划分为四个维度

本研究经过理论研究把品牌形象划分为功能性形象、象征性形象、经验性形象，在咨询行业专家之后，笔者结合澳门手信食品行业特点，将声誉性形象列为品牌形象的第四个维度，并通过验证。通过实证研究证明澳门手信食品行业品牌形象的维度可划分为功能性形象、象征性形象、声誉性形象和经验性形象四个维度。

第五章 结论与建议

5.1.2 品牌形象对消费者的购买意愿产生显著影响

本研究在理论分析的基础上，引入中国消费者购买意愿模型，在澳门手信食品消费者购买意愿的影响机制中建立了品牌形象与购买意愿的关系，通过实证分析证明，品牌形象与购买意愿、品牌形象与态度、态度与购买意愿的正向影响关系均为显著，这说明品牌形象对购买意愿显著正相关。这个验证结果说明可以通过提升品牌形象来提升澳门手信食品业的消费者购买意愿。

5.1.3 功能性形象和声誉性形象对购买意愿的正向影响十分显著

在对品牌形象各维度与购买意愿关系的研究中发现，功能性形象和声誉性形象对购买意愿的正向影响十分显著。这一结论符合目前澳门手信食品行业的特点，澳门手信食品品牌的功能性形象意味着食品安全、质量好、包装精美，与其他地区频频出现的食品安全问题相比，消费者对澳门的食品安全更有信心。除此之外，消费者还看重的是行业中口碑好的、名声大的品牌，消费者以游客为主，名声大的品牌节省搜寻信息的成本，用途以送人为主，选择行业内的领导品牌降低因质量不好、服务不好带来的购买风险。所以，功能性形象和声誉性形象对购买意愿的影响显著，比象征性形象和经验性形象具有更强的正向影响。

133

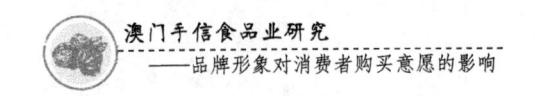

5.1.4 象征性形象和经验性形象对购买意愿的正向影响不显著

本研究发现,澳门手信食品品牌的象征性形象和经验性形象对购买意愿的正向影响不显著。这一点与澳门手信食品行业的特点一致。虽然把手信食品赠送他人能够增强人际关系,但是由于澳门手信食品的价钱不高,并不能像奢侈品的品牌一样足够代表使用者的身份地位,所以,象征性形象对购买意愿有一定影响,但是其影响并不显著。同样,消费者在澳门手信食品店铺的购物体验不如在商场购买奢侈品一样舒适温馨,追求生活多样化的特点并不明显,所以经验性形象对购买意愿有影响,但影响并不显著。

5.1.5 态度、面子意识、群体一致意识在品牌形象对购买意愿的影响过程中产生中介作用

态度、面子意识、群体一致意识是本研究中三个重要的变量,它们与品牌形象、购买意愿的关系是本研究的另一个重点。经过实证分析证明,态度、面子意识、群体一致意识分别引入品牌形象对购买意愿的回归中,品牌形象与购买意愿的关系仍然显著,但相关系数有所降低,态度、面子意识、群体一致意识都起到部分中介作用。这说明,品牌形象对购买意愿的影响部分通过态度、面子意识、群体一致意识传递。

第五章 结论与建议

5.1.6 不同特征的消费者对澳门手信食品的喜好

购买澳门手信食品的人中中国内地人最多,其次是中国香港人、中国澳门人、中国台湾人、外国人,购买 1~2 次的消费者最多,25~35 岁的消费者最多。消费者最喜欢购买钜记的手信食品,其次是咀香园、英记、晃记、最香、十月初五等。购买钜记手信食品的消费者最看重声誉性品牌形象,购买咀香园的消费者最看重功能性品牌形象。

5.2 研究建议

5.2.1 针对 25~35 岁消费者开发市场

本研究建议澳门手信食品业应着重针对 25~35 岁消费者开发市场,针对这一类人群接受新鲜事物快的特点,开发属于这类人群的小型礼品包装及适合自由行的包装形式。

在市场现有的手信食品中,多数以口味区分系列,如英记有其他品牌没有的海藻糖系列,适合不爱吃甜或者不能吃糖的消费

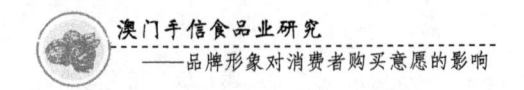

者的需要，还可以开发以功能区分系列，如送师长、送同学、送朋友、送家人等包装小礼盒，针对不同的系列分别设计包装的规格和包装样式，使消费者在视觉上很容易识别用途，节省时间成本，在选择时方便快捷。手信食品的包装越精美，消费者越喜欢，包装方便、结实、不易裂开、不勒手这些功能上的细节做得越好，消费者对品牌的印象越好。

老字号的手信食品品牌应该对市场的变化做出迅速的反应，做到及时创新、合理定位，以创办时间早、有世代相传的加工工艺和配方、精益求精的传承精神为出发点，挖掘属于自己品牌的故事，创立老字号品牌文化，唤起人们的怀旧情结，要做到既回归传统又不失现代气息。

5.2.2 提升品牌形象，增强品牌传播

根据样本统计显示，购买钜记的消费者超过半数以上，购买钜记的消费者更看重它的声誉性形象。钜记几乎每家店铺门口挂着横幅"连续十三年销量第一"，强调行业销量第一。门口的免费试吃招揽消费者，并有手工制作现场演示都起到了很好的宣传推广作用。钜记早期通过与TVB合作拍摄电视剧等途径对钜记饼家这个品牌进行了推广。推广渠道方面钜记与娱乐场、银行等大型企业的合作也使其在澳门本地消费者中的地位得到巩固。

其他的手信食品企业，尤其是澳门手信食品老字号品牌应该借鉴钜记的推广方式，强调老字号品牌本身具有世代相承的文化内涵，是澳门本土文化的一部分，是澳门文化的部分象征，结合节庆活动或者积极参加大型文化赛事适时做出推广宣传。强调澳门手信食品的象征性形象，并通过手工制作的演示及物料来源的宣传，展现澳门食品质量，让消费者放心食用，体现了手信食品的功能性形象。

5.2.3 发挥行业协会的作用

笔者在对澳门手信食品行业协会的访谈中了解到，该协会并没有吸纳所有的手信食品企业，包括知名的钜记和晃记，并且没有行业内部的统计信息。行业协会虽有定期交流，但是由于该行业圈子小，产品雷同，各企业之间的竞争非常激烈，导致交流在很多方面受阻。

行业协会应该发挥作用，制定规则防止不正当竞争，并与高校、政府等研究机构合作，为行业统计数据，制定科学的管理办法，鼓励小型企业主定期参加生产或管理培训，更新观念及时创新。行业协会还应该与旅游业、文化产业合作，扩大本行业的影响力，与其他行业共同发展。

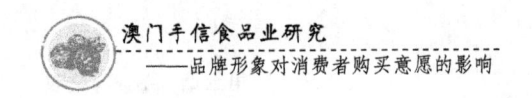

5.2.4 结合文化产业，延长产业链

澳门手信食品对游客来说承载着旅行的意义，是澳门的文化符号，它不仅是食品，还是旅游商品。澳门手信食品业应该借助澳门政府适度多元化发展经济和文化的政策，延长其产业链，创造可持续发展的机会。

澳门手信食品业可以与文化产业结合，将老字号品牌的文化传承和技术传承的文化内涵，与具有澳门特色的视觉元素相结合，设计开发旅游纪念品，生产具有食用功能与使用功能的手信食品或周边衍生品，使消费者在吃完食品后，能够对澳门留下有形的记忆，使澳门文化"走出去"，以此传播澳门文化。

5.3 研究贡献

（1）本研究对澳门手信食品行业的品牌形象进行了测量，经过实证研究，制定了品牌形象的量表并设计了问卷，将品牌形象的构成划分为四个维度，即功能性形象、象征性形象、声誉性形象、经验性形象。为以后的理论研究提供了该行业的量表、问卷、品牌形象的构成要素。

（2）验证了澳门手信食品行业的品牌形象对消费者的购买

意愿有正向影响，尤其是功能性形象和声誉性形象对消费者的购买意愿有显著影响。而态度、面子意识、群体一致意识三个变量在品牌形象对购买意愿的影响中起到中介作用。这一结论为澳门手信食品企业的品牌形象的提升提供了理论依据，也为购买意愿的提升提供了理论依据。

5.4 研究限制及后续研究

因时间限制，本研究的450份样本仅限于澳门的关闸、新马路、大三巴、港澳码头等地点，其他景点及游客常去的娱乐场、购物地点没有发放，不能全面反映所有手信食品品牌的情况。在今后的研究中，可以扩大样本量及调查范围，而在此基础上获得的研究结论对澳门手信食品行业会更有贡献。

参考文献

[1] 仇立. 基于绿色品牌的消费者行为研究 [J]. 商业经济研究, 2015 (07).

[2] 王心. 澳门美食旅游发展回顾与美食节顾客满意度调查 [J]. 当代港澳研究, 2011 (01).

[3] 王东民. 品牌生命的复杂性和复杂的品牌生理生态学 [J]. 商业研究, 2004 (06).

[4] 王长征, 崔楠. 个性消费, 还是地位消费——中国人的"面子"如何影响象征型的消费者—品牌关系 [J]. 经济管理, 2011 (06).

[5] 王长征, 寿志钢. 西方品牌形象及其管理理论研究综述 [J]. 外国经济与管理, 2007, 29 (12).

[6] 王玲, 赵妍. 基于 Fishbein 模型研究上海消费者美洲旅游行为影响因素 [J]. 生产力研究, 2011 (12).

[7] 王海涛, 王凯, 王勇. 猪肉品牌连锁店顾客忠诚度评价及其影响因素实证研究——基于南京市消费者的问卷调查 [J]. 中国农业科学, 2011, 45 (03).

[8] 石美玉. 关于旅游购物研究的理论思考［J］. 旅游学刊, 2004, 1 (01).

[9] 宇传华. SPSS 与统计分析［M］. 重庆: 重庆大学出版社, 2007.

[10] 安钟石, 吴静芳, 李东进, 金镛准. 中国内需市场上国家形象对消费者购买行为的影响［J］. 营销科学学报, 2003.

[11] 成中英, 翟学伟. 脸面观念及其儒学根源［M］. 中国社会心理学评论（第二辑）, 北京: 社会科学文献出版社, 2006.

[12] 朱瑞玲. 中国人的社会互动: 论面子的问题——中国人的心理［M］. 台北市: 桂冠图书公司, 1988.

[13] 江明华, 曹鸿星. 品牌形象模型的比较研究［J］. 北京大学学报: 哲学社会科学版, 2003, 40 (02).

[14] 何友晖, 周美伶. 从跨文化的观点分析面子内涵及其在社会交往中的运作［M］//中国人的心理与行为. 北京: 社会科学文献出版社, 1993.

[15] 吴水龙, 卢泰宏, 苏雯. "老字号"品牌命名研究［J］. 管理学报, 2017.

[16] 吴明隆. SPSS 操作与应用: 问卷统计分析实务［M］. 五南图书出版股份有限公司, 2007.

[17] 吴霞, 卢松, 张业臣. 国内外旅游纪念品研究进展［J］. 云南地理环境研究, 2015, 27 (03).

[18] 宋明元. 品牌体验对消费者购买意愿的影响研究［D］. 大连理工大学博士论文, 2014.

[19] 李东进, 吴波, 武瑞娟. 中国消费者购买意向模型——对 Fishbein 合理行为模型的修正［J］. 管理世界, 2009 (01).

[20] 李业. 品牌管理［M］. 广东：广东高等教育出版社.

[21] 杰弗里·兰德尔. 品牌管理［M］. 张相文，吴英娜，译. 上海远东出版社，2011.

[22] 林震岩. 多变量分析：SPSS 的操作与应用［M］. 台湾：智胜文化事业有限公司，2007.

[23] 范秀成，陈洁. 品牌形象综合测评模型及其应用［J］. 南开学报：哲学社会科学版，2002（03）.

[24] 孙隆基. 中国文化的"深层结构"［M］. 台北：壹山出版社，1983.

[25] 孙诗梅，张萍. 浅议品牌与消费者行为之间的关系［J］. 价值工程，2015，34（03）.

[26] 徐伟，王新新，薛海波. 老字号品牌个性，认同与忠诚——个性量表开发与评价［J］. 财经论丛，2013（04）.

[27] 郝俊峰，汪波，殷红春. 品牌形象对购买意愿影响的性别差异研究——以自用化妆品市场为例［J］. 西安电子科技大学学报：社会科学版，2010，20（04）.

[28] ［美］亨利·阿塞尔. 消费者行为和营销策略（第六版）［M］. 韩德昌等，译. 北京：机械工业出版社，2000.

[29] 屠文淑. 社会心理学理论与应用［M］. 北京：人民出版社，2002.

[30] 张文彤. SPSS11 统计分析教程［M］. 北京：北京希望电子出版社，2002.

[31] 梁漱溟. 中国文化要义［M］. 香港：三联书店有限公司，1987.

[32] 许衍凤，赵晓康. 中华老字号品牌形象结构维度实证研究［J］. 山东工商学院学报，2015，29（01）.

[33] 许衍凤，杜恒波，赵晓康. 餐饮老字号品牌延伸对品牌形象的影响机

制研究——基于感知契合度的视角［J］. 北京工商大学学报：社会科学版，2015（05）.

［34］郭强，董明伟. 问卷设计手册［M］. 重庆：重庆大学出版社，2004.

［35］郭晓琳，林德荣. 中国本土消费者的面子意识与消费行为研究述评［J］. 外国经济与管理，2015，37（11）.

［36］陈之昭. 面子问题之研究［M］. 台北：台湾大学心理学研究所，1982.

［37］陈建勋，于姝. 消费者、顾客与客户的区分及其营销意义［J］. 兰州学刊，2008（11）.

［38］陈伟，周颖，吕巍. 礼品二维结构属性对礼品购买意向的影响研究——基于Fishbein理性行为模型［J］. 工业工程与管理，2013（01）.

［39］陆洛，吴佩瑀，林国庆，等. 社会心理学［M］. 台湾：诚品网络书店，2007.

［40］温忠麟，叶宝娟. 中介效应分析：方法和模型发展［J］. 心理科学进展，2014，22（05）.

［41］琚胜利，陶卓民. 国内外旅游纪念品研究进展［J］. 南京师大学报：自然科学版，2015（01）.

［42］琼斯，约翰·菲利普. 广告与品牌策划［M］. 北京：机械工业出版社，1999.

［43］菲利普·科特勒. 营销管理［M］. 梅清豪译. 上海：上海人民出版社，2003.

［44］菲利普·科特勒，凯文·莱恩·凯勒. 营销管理［M］. 何佳讯，于洪彦，牛永革等译. 上海：上海人民出版社，2001.

［45］菲利普·科特勒. 市场营销管理［M］. 楼尊译. 北京：中国人民大学出版社，1997.

［46］费正清，薛绚. 费正清论中国［M］. 台北：正中书局，1994.

［47］费孝通. 乡土中国［M］. 香港：凤凰出版社，1947.

［48］冯友兰，赵复三. 中国哲学简史［M］. 北京：北京大学出版社，1985.

［49］冯建英，穆维松，傅泽田. 消费者的购买意愿研究综述［J］. 现代管理科学，2006（11）.

［50］黄胜兵，卢泰宏. 品牌的阴阳二重性——品牌形象的市场研究方法［J］. 南开管理评论，2000（02）.

［51］杨玉杰，方旭红. 中国公民出境旅游购物研究［J］. 广西经济管理干部学院学报，2016，28（01）.

［52］杨宜音. 个体与宏观社会的心理关系：社会心态概念的界定［J］. 社会学研究，2006（04）.

［53］董妍，俞国良. 自我提升的研究现状与展望［J］. 心理科学进展，2005，13（02）.

［54］贾丽艳，杜强. SPSS统计分析标准教程［M］. 北京：人民邮电出版社，2010.

［55］翟学伟. 中国人的脸面观：形式主义的心理动因与社会表征［M］. 北京：北京大学出版社，2011.

［56］赵宝春. 非伦理消费情景下感知风险对行为意愿的影响：直接经验的调节作用［J］. 管理评论，2016，28（02）.

［57］鄢光哲. 发展旅游商品才能提高产业收益［N］. 中国青年报，2011－07－01.

[58] 刘凤军, 王镠莹. 品牌形象对顾客态度的影响研究 [J]. 科学决策, 2009 (01).

[59] 刘宝宏. 信息不对称条件下的消费者行为 [J]. 商业经济与管理, 2001 (07).

[60] 范聚红. 品牌与消费者行为的关系分析 [J]. 商场现代化, 2006 (09).

[61] 蒋廉雄, 朱辉煌, 卢泰宏. 区域竞争的新战略：基于协同的区域品牌资产构建 [J]. 中国软科学, 2006 (11).

[62] 郑玉香. 我国大学生面子消费决策行为特点的探索性研究 [J]. 经济问题探索, 2009 (02).

[63] 郑欣淼. 鲁迅论面子文化 [J]. 鲁迅研究月刊, 1996 (04).

[64] 澳门统计暨普查局官方网站（http：//www.dsec.gov.mo）.

[65] 卢泰宏. 中国消费者行为报告 [M]. 北京：中国社会科学出版社, 2005.

[66] 薛海波, 符国群, 江晓东. 面子意识与消费者购物决策风格：一项"70后""80后"和"90后"的代际调节作用研究 [J]. 商业经济与管理, 2014 (06).

[67] 韩玉灵. 旅游政策与法规 [M]. 北京：中国旅游出版社, 2003.

[68] 罗子明. 品牌形象的构成及其测量 [J]. 北京工商大学学报：社会科学版, 2001, 16 (04).

[69] 罗珉, 孙晓岭. 论中国传统文化对组织文化基本假设的影响 [J]. 广东商学院学报, 2004 (01).

[70] 关辉, 董大海. 品牌形象对消费者行为倾向影响的实证研究 [J]. 中国流通经济, 2007, 21 (07).

[71] 钟志平. 旅游商品学 [M]. 北京：中国旅游出版社, 2005.

[72] Park, C. W., Jaworski, B. J., & Maclnnis, D. L. Strategic Brand Concept-Image Management [J]. The Journal of Marketing, 1986 Vol. 50.

[73] Aaker, D. A., & Equity, M. B. Capitalizing on the Value of a Brand Name [M]. New York. 1991.

[74] Aaker, D. A., & Keller, K. L. Consumer evaluations of brand extensions [J]. The Journal of Marketing, 1990.

[75] Aaker, J. L. Dimensions of brand personality [J]. Journal of marketing research, 1997, 34 (3).

[76] Aggarwal, P. The effects of brand relationship norms on consumer attitudes and behavior [J]. Journal of consumer research, 2004, 31 (1).

[77] Ahluwalia, R., Burnkrant, R. E., & Unnava, H. R. Consumer response to negative publicity: The moderating role of commitment [J]. Journal of marketing research, 2000, 37 (2).

[78] Ajzen, I. The theory of planned behavior [J]. Organizational behavior and human decision, 1991, 11 (3).

[79] Ajzen, I., & Driver, B. L. Prediction of leisure participation from behavioral, normative, and control beliefs: An application of the theory of planned behavior [J]. Leisure sciences, 1991, 13 (3).

[80] Ajzen, I., & Driver, B. L. Application of the theory of planned behavior to leisure choice [J]. Journal of leisure research, 1992, 24 (3).

[81] Ajzen, I., & Fishbein, M. Attitudinal and normative variables as predictors of specific behaviors [J]. Journal of personality and Social Psychology, 1973, 27.

[82] Ajzen, I., & Fishbein, M. Understanding attitudes and predicting social behaviour. 11 (3).

[83] Ajzen, I., & Fishbein, M. The influence of attitudes on behavior [J]. The handbook of attitudes, 2005.

[84] Ajzen, I., & Madden, T. J. Prediction of goal – directed behavior – attitudes, and perceived behavioral – control [J]. Journal of experimental social psychology, 1986, 22 (5).

[85] Albaum, G., & Peterson, R. A. Empirical research in international marketing: 1976 ~ 1982 [J]. Journal of International Business Studies, 1984, 15 (1).

[86] Allport, G. W. Murchison, C. A handbook of social psychology [J]. Worcester, Mass, Clark University Press 1935, 22 (5).

[87] Armitage, C. J., & Conner, M. Efficacy of the theory of planned behaviour: A meta – analytic review [J]. British journal of social psychology, 2001, 40 (4).

[88] Arndt, J. Comments on cross – cultural consumer research [J]. NA – Advances in Consumer Research, 1978 (05).

[89] Arnould, E. J., & Thompson, C. J. Consumer culture theory (CCT): Twenty years of research [J]. Journal of consumer research, 2005, 31 (4).

[90] Astrom, A. N., & Rise, J. Young adults' intention to eat healthy food: Extending the theory of planned behaviour [J]. Psychology & Health, 2001, 16 (2).

[91] Bagozzi, R. P., Lee, K. H., & Van Loo, M. F. Decisions to donate

bone marrow: The role of attitudes and subjective norms across cultures [J]. Psychology and Health, 2001, 16 (1).

[92] Bagozzi, R. P., Yi, Y., & Nassen, K. D. Representation of measurement error in marketing variables: Review of approaches and extension to three – facet designs [J]. Journal of Econometrics, 1998, 89 (1).

[93] Bauer, R. A. Consumer behavior as risk taking [M]. Dynamic marketing for a changing world. Chicago: Aemrican Marketing Association, 1960.

[94] BB Gardner, SJ Levy. The product and the brand [J]. Harvard Bussiness Review, 1955: 18 (2).

[95] Bearden, W. O., & Etzel, M. J. Reference group influence on product and brand purchase decisions [J]. Journal of consumer research, 1982, 9 (2).

[96] Belk, R. W. Possessions and the extended self [J]. Journal of consumer research, 1988, 15 (2).

[97] Biel, A. L. How brand image drives brand equity [J]. Journal of advertising research, 1992, 32 (6).

[98] Biel, A. L. Converting image into equity [J]. Brand equity and advertising: Advertising's role in building strong brands, 1993, 11 (2).

[99] Blawatt, K. Imagery An alternative approach to the attribute – image paradigm for shopping centres [J]. Journal of Retailing and Consumer Services, 1995, 2 (2).

[100] Bresnahan, M., Lee, S. Y., Smith, S. W., Shearman, S., Nebashi, R., Park, C. Y., & Yoo, J. A theory of planned behavior

study of college students' intention to register as organ donors in Japan, Korea, and the United States [J]. Health communication, 2007, 21 (3).

[101] Brouwer, S., Reneman, M. F., Bültmann, U., Van der Klink, J. J., & Groothoff, J. W. A prospective study of return to work across health conditions: perceived work attitude, self – efficacy and perceived social support [J]. Journal of occupational rehabilitation, 2010, 20 (1).

[102] Chatzoglou, P. D., & Vraimaki, E. Knowledge – sharing behaviour of bank employees in Greece [J]. Business Process Management Journal, 2009, 15 (2).

[103] Childers, T. L., Carr, C. L., Peck, J., & Carson, S. Hedonic and utilitarian motivations for online retail shopping behavior [J]. Journal of retailing, 2002, 77 (4).

[104] Churchill Jr, G. A. A paradigm for developing better measures of marketing constructs [J]. Journal of marketing research, 1979, 11 (2).

[105] Cialdini, R. B., Kallgren, C. A., & Reno, R. R. A focus theory of normative conduct: A theoretical refinement and reevaluation of the role of norms in human behavior [J]. Advances in experimental social psychology, 1991, 11 (1).

[106] Conchar, M. P., Zinkhan, G. M., Peters, C., & Olavarrieta, S. An integrated framework for the conceptualization of consumers' perceived – risk processing [J]. Journal of the Academy of Marketing Science, 2004, 32 (4).

[107] Contrada, R. J., Goyal, T. M., Cather, C., Rafalson, L., Idler, E. L., & Krause, T. J. Psychosocial factors in outcomes of heart surgery: the impact of religious involvement and depressive symptoms [J]. Health Psychology, 2004, 23 (3).

[108] Cooke, R., & French, D. P. How well do the theory of reasoned action and theory of planned behaviour predict intentions and attendance at screening programmes? A meta-analysis [J]. Psychology and Health, 2008, 23 (7).

[109] Cordano, M., & Frieze, I. H. Pollution reduction preferences of US environmental managers: Applying Ajzen's theory of planned behavior [J]. Academy of Management journal, 2000, 43 (4).

[110] Cova, B. The postmodern explained to managers: Implications for marketing [J]. Business Horizons, 1996, 39 (6).

[111] Cova, B. What postmodernism means to marketing managers [J]. European Management Journal, 1996, 14 (5).

[112] Crites, S. L., Fabrigar, L. R., & Petty, R. E. Measuring the affective and cognitive properties of attitudes: Conceptual and methodological issues [J]. Personality and Social Psychology Bulletin, 1994, 20 (6).

[113] David, Aaker. A. Managing brand equity: capitalizing on the value of a brand name [M]. The Free Press, New York, 1991, 20 (6).

[114] De Mooij, M., & Hofstede, G. Convergence and divergence in consumer behavior: implications for international retailing [J]. Journal of retailing, 2002, 78 (1).

[115] Demirdjian & Senguder. Perspectives in Consumer Behavior: Paradigm Shifts in Prospect [J]. Journal of American Academy of Business, 2004, (4).

[116] Dempster, A. P., Laird, N. M., & Rubin, D. B. Maximum likelihood from incomplete data via the EM algorithm [M]. Journal of the royal statistical society. Series B (methodological), 1977.

[117] Deutsch, M., & Gerard, H. B. A study of normative and informational social influences upon individual judgment [J]. The journal of abnormal and social psychology, 1955, 51 (3).

[118] Dobni, D., & Zinkhan, G. M. In search of brand image: A foundation analysis [J]. NA – Advances in Consumer Research Volume 1990, 17.

[119] Dodds, W. B., Monroe, K. B., & Grewal, D. Effects of price, brand, and store information on buyers' product evaluations [J]. Journal of marketing research, 1991.

[120] Domino, G., Affonso, D., & Slobin, M. Community psychology in the People's Republic of China [J]. Psychologia: An International Journal of Psychology in the Orient, 1987, 14 (4).

[121] Duncan, T., & Moriarty, S. E. A communication – based marketing model for managing relationships [J]. The Journal of marketing, 1998.

[122] Eagly, A. H., & Chaiken, S. The psychology of attitudes [J]. Harcourt Brace Jovanovich College Publishers. 1993, 11 (4).

[123] Engel, J. F., Blackwell, R. D., & Miniard, P. W. Consumer behavior, 8th. New York: Dryder. 1995, 18 (4).

[124] Eroglu, S. A., Machleit, K. A., & Davis, L. M. Empirical testing of

a model of online store atmospherics and shopper responses [J]. Psychology & Marketing, 2003, 20 (2).

[125] Firat, A. F. , & Venkatesh, A. Liberatory postmodernism and the reenchantment of consumption [J]. Journal of consumer research, 1995, 22 (3).

[126] Fishbein, M. , & Ajzen, I. Belief, attitude, intention, and behavior: An introduction to theory and research [J]. Addison – Wesley, 1975, 21 (5).

[127] Fishhein, I. Ajzen. Taking and Information Handling in Consumer Behavior [M]. Boston: Graduate School of Business Administration, Harward University, 1975.

[128] Fitzmaurice, J. Incorporating consumers' motivations into the theory of reasoned action [J]. Psychology & Marketing, 2005, 22 (11).

[129] Fournier, S. Consumers and their brands: Developing relationship theory in consumer research [J]. Journal of consumer research, 1998, 24 (4).

[130] Fraedrich, J. P. , & Ferrell, O. C. The impact of perceived risk and moral philosophy type on ethical decision making in business organizations [J]. Journal of Business Research, 1992, 24 (4).

[131] French, D. P. , Sutton, S. , Hennings, S. J. , Mitchell, J. , Wareham, N. J. , Griffin, S. & Kinmonth, A. L. The importance of affective beliefs and attitudes in the Theory of Planned Behavior: Predicting intention to increase physical activity1 [J]. Journal of Applied Social Psychology, 2005, 35 (9).

[132] Fuat Firat, A. , Dholakia, N. , & Venkatesh, A. Marketing in a postmodern world [J]. European Journal of Marketing, 1995, 29 (1).

[133] Fullerton, G. The impact of brand commitment on loyalty to retail service brands [J]. Canadian Journal of Administrative Sciences/Revue Canadienne des Sciences de l'Administration, 1995, 22 (2).

[134] Gallarza, M. G. , & Saura, I. G. Value dimensions, perceived value, satisfaction and loyalty: an investigation of university students' travel behaviour [J]. Tourism management, 2006, 27 (3).

[135] Goffman, E. On face-work: An analysis of ritual elements in social interaction [J]. Psychiatry, 1955, 18 (3).

[136] Gorsuch, R. L. , & Ortberg, J. Moral obligation and attitudes: Their relation to behavioral intentions [J]. Journal of Personality and Social Psychology, 1983, 44 (5).

[137] Gotch, C. , & Hall, T. Understanding nature-related behaviors among children through a theory of reasoned action approach [J]. Environmental Education Research, 2004, 10 (2).

[138] Grunert, S. C. , & Scherlorn, G. Consumer values in West Germany underlying dimensions and cross-cultural comparison with North America [J]. Journal of Business Research, 1990, 20 (2).

[139] Guzmán, F. , Montana, J. , & Sierra, V. Brand building by associating to public services: A reference group influence model [J]. Journal of Brand Management, 2006, 13 (4-5).

[140] Hair, A. Tatham, and Black. , Multivariate Date Analysis with Reading. 1998, 19 (4).

[141] Han, H., & Kim, Y. An investigation of green hotel customers' decision formation: Developing an extended model of the theory of planned behavior [J]. International Journal of Hospitality Management, 2010, 29 (4).

[142] Hankinson, G. Repertory grid analysis: An application to the measurement of destination images [J]. International Journal of Nonprofit and Voluntary Sector Marketing, 2004, 9 (2).

[143] Hansen, T., Jensen, J. M., & Solgaard, H. S. Predicting online grocery buying intention: a comparison of the theory of reasoned action and the theory of planned behavior [J]. International Journal of Information Management, 2004, 24 (6).

[144] Harris, L. C., & Goode, M. M. Online servicescapes, trust, and purchase intentions [J]. Journal of Services Marketing, 2010, 24 (3).

[145] Higgins, K. T. Marketing with a conscience [J]. Marketing Management, 2002, 11 (4).

[146] Ho, D. Y. Asian concepts in behavioral science [J]. Psychologia: An International Journal of Psychology in the Orient. 1982, 4 (3).

[147] Hoare, R. J., Butcher, K., & O'Brien, D. Understanding Chinese diners in an overseas context: A cultural perspective [J]. Journal of Hospitality & Tourism Research, 2011, 35 (3).

[148] Hofstede, G. Cultural constraints in management theories [J]. The Academy of Management Executive, 1993, 7 (1).

[149] Holland, J., & Gentry, J. W. Ethnic consumer reaction to targeted

marketing: A theory of intercultural accommodation [J]. Journal of Advertising, 1999, 28 (1).

[150] Howard, J. A. Buyer behavior in marketing strategy (2nd ed.). Upper Saddle River, NJ: Prentice Hall. 1994.

[151] Huang, S. Two studies on prototype semantics: mei mianzi loss of face [J]. Journal of Chinese linguistics, 1987.

[152] Igbaria, M., Schiffman, S. J., & Wieckowski, T. J. The respective roles of perceived usefulness and perceived fun in the acceptance of microcomputer technology [J]. Behaviour & Information Technology, 1994, 13 (6).

[153] Jacoby, J. Stimulus – organism – response reconsidered: An evolutionary step in modeling (consumer) behavior [J]. Journal of Consumer Psychology, 2002, 12 (1).

[154] Jahn, B., & Kunz, W. How to transform consumers into fans of your brand [J]. Journal of Service Management, 2012, 23 (3).

[155] Jamal, A., & Goode, M. M. Consumers and brands: a study of the impact of self – image congruence on brand preference and satisfaction [J]. Marketing Intelligence & Planning, 2001, 19 (7).

[156] JF Engel, Blackwell RD, Miniard PW. Consumer behaviour, 8th ed [M]. Fort Worth: Dryden Press, 1995.

[157] John, D. R., Loken, B., Kim, K., & Monga, A. B. Brand concept maps: A methodology for identifying brand association networks [J]. Journal of Marketing Research, 2006, 43 (4).

[158] Kapferer, J. N. The new strategic brand management: Advanced insights

and strategic thinking [M]. Kogan page publishers. 2012.

[159] Keller, K. L. Conceptualizing, measuring, and managing customer - based brand equity [J]. the Journal of Marketing, 1993, 57 (1).

[160] Keller, K. L. Strategic brand management (Vol. 11998) [M]. New Jersey: Prentice Hall, 1998.

[161] Kelloway, E. K. Using lisrel for structural equation modeling: A researcher's guide [M]. Sage, 1998.

[162] Kim, C. K., Lavack, A. M., & Smith, M. Consumer evaluation of vertical brand extensions and core brands [J]. Journal of Business Research, 2001, 52 (3).

[163] King, Y. C., & Myers, J. T. Shame as an incomplete conception of Chinese culture: A study of face [M]. Chinese University of Hong Kong, Social Research Center, 1977.

[164] Klein, J. G., & Ettensoe, R. Consumer animosity and consumer ethnocentrism: An analysis of unique antecedents [J]. Journal of International al Consumer Marketing, 1999, 11 (4).

[165] Kotler, P. Marketing management: Analysis, planning, implementation and control [J]. Prentice Hall, Upper Saddle River, New Jersey, 1997, (58).

[166] Kotler, P., Marketing Management, Prentice - Hall International, Inc. 2000.

[167] Kotler, P., & Fox, K. F. Strategic marketing for educational institutions [J]. Prentice - Hall. 1985.

[168] Kotler, P., & Levy, S. J. Broadening the concept of marketing [J].

The Journal of Marketing, 1969, 33 (1).

[169] Kotler, P. , Ang, S. H. , & Tan, C. T. Marketing and Management: An Asian Perspective [J]. Prentice – Hall Pte Ltd, Singapore, 1996.

[170] Kraft, P. , Rise, J. , Sutton, S. , & Røysamb, E. Perceived difficulty in the theory of planned behaviour: Perceived behavioural control or affective attitude? [J]. British Journal of Social Psychology, 2005, 44 (3).

[171] Krech, D. , & Crutchfield, R. S. Theory and problems of social psychology [J]. McGraw – Hill, 1948, 11 (3).

[172] Krishnan, H. S. Characteristics of memory associations: A consumer – based brand equity perspective [J]. International Journal of research in Marketing, 1996, 13 (4).

[173] Lardinoit, T. , & Derbaix, C. Sponsorship and recall of sponsors [J]. Psychology and Marketing, 2001, 18 (2).

[174] Lascu, D. N. , & Zinkhan, G. Consumer conformity: review and applications for marketing theory and practice [J]. Journal of Marketing Theory and Practice, 1999, 7 (3).

[175] LaTour, S. A. , & Manrai, A. K. Interactive impact of informational and normative influence on donations [J]. Journal of Marketing Research, 1989, 40 (3).

[176] Levy, S. J. Symbols for sale [J]. Harvard business review, 1959, 37 (4).

[177] Li, J. J. , & Su, C. How face influences consumption: a comparative study of American and Chinese consumers [J]. International Journal of

Market Research, 2007, 49 (2).

[178] Litvin, S. W. , & Kar, G. H. Individualism/collectivism as a moderating factor to the self – image congruity concept [J]. Journal of Vacation Marketing, 2004, 10 (1).

[179] Lu, C. S. , Lai, K. H. , & Cheng, T. E. Application of structural equation modeling to evaluate the intention of shippers to use Internet services in liner shipping [J]. European Journal of Operational Research, 2007, 180 (2).

[180] Manstead, A. S. , & Parker, D. Evaluating and extending the theory of planned behaviour [J]. European review of social psychology, 1995, 6 (1).

[181] McCracken, G. Culture and consumption: A theoretical account of the structure and movement of the cultural meaning of consumer goods [J]. Journal of consumer research, 1986, 13 (1).

[182] Meenaghan, T. The role of advertising in brand image development [J]. Journal of Product & Brand Management, 1995, 4 (4).

[183] Miniard, P. W. , & Cohen, J. B. Modeling personal and normative influences on behavior [J]. Journal of Consumer Research, 1983, 10 (2).

[184] Morrison, D. M. , Golder, S. , Keller, T. E. , & Gillmore, M. R. The theory of reasoned action as a model of marijuana use: tests of implicit assumptions and applicability to high – risk young women [J]. Psychology of Addictive Behaviors, 2002, 16 (3).

[185] Morwitz, V. G. , & Schmittlein, D. Using segmentation to improve sales

forecasts based on purchase intent: Which "intenders" actually buy? [J]. Journal of marketing research, 1992, 11 (3).

[186] Namkung, Y., & Jang, S. C. Effects of perceived service fairness on e-motions, and behavioral intentions in restaurants [J]. European Journal of Marketing, 2010, 44 (9/10).

[187] Nunally, J. C., & Bernstein, I. H. Psychometric theory [J]. 1978, 7 (3).

[188] Nysveen, H., Pedersen, P. E., Thorbjørnsen, H., & Berthon, P. Mobilizing the brand the effects of mobile services on brand relationships and main channel use [J]. Journal of Service Research, 2005, 7 (3).

[189] Oliver, R. L., & Bearden, W. O. Crossover effects in the theory of reasoned action: A moderating influence attempt [J]. Journal of Consumer Research, 1985, 12 (3).

[190] Park, C. W., & Lessig, V. P. Students and housewives: Differences in susceptibility to reference group influence [J]. Journal of consumer Research, 1977, 4 (2).

[191] Park, C. W., Jaworski, B. J., & MacInnis, D. J. Strategic brand concept – image management [J]. The Journal of Marketing, 1986, 14 (2).

[192] Park, H. S. Relationships among attitudes and subjective norms: Testing the theory of reasoned action across cultures [J]. Communication Studies, 2000, 51 (2).

[193] Pavlou, P. A., & Fygenson, M. Understanding and predicting electron-

ic commerce adoption: An extension of the theory of planned behavior [J]. MIS quarterly, 2006, 21 (2).

[194] Pedersen, P. E. Instrumentality challenged: the adoption of a mobile parking service [J]. In Mobile Communications Springer London, 2005.

[195] Perugini, M., & Bagozzi, R. P. The role of desires and anticipated emotions in goal – directed behaviours: Broadening and deepening the theory of planned behaviour [J]. British Journal of Social Psychology, 2001, 40 (1).

[196] Petty, R. E., & Krosnick, J. A. Attitude strength: Antecedents and consequences [M]. Psychology Press. 2014.

[197] Plummer, J. T. How personality makes a difference [J]. Journal of advertising research, 2000, 40 (6).

[198] Prochaska, J. O. Transtheoretical model of behavior change [M]. In Encyclopedia of behavioral medicine. Springer New York, 2013.

[199] Qian, W., Abdur Razzaque, M., & Ah Keng, K. Chinese cultural values and gift – giving behavior [J]. Journal of Consumer marketing, 2007, 24 (4).

[200] Redding, S. G., & Ng, M. The role of face in the organizational perceptions of Chinese managers [J]. Organization studies, 1982, 3 (3).

[201] Reisinger, Y., & Turner, L. Cultural differences between Mandarin – speaking tourists and Australian hosts and their impact on cross – cultural tourist – host interaction [J]. Journal of Business Research, 1998, 42 (2).

[202] Ryan, M. J., & Bonfield, E. H. The Fishbein extended model and

consumer behavior [J]. Journal of Consumer Research, 1975, 2 (2).

[203] Schau, H. J., & Gilly, M. C. We are what we post? Self-presentation in personal web space [J]. Journal of consumer research, 2003, 30 (3).

[204] Schiffman, L. G. and L. L. Kanuk, Consumer Behavior (5th ed.) [M]. Prentice-Hall Inc, 1994.

[205] Spears, N., & Singh, S. N. Measuring attitude toward the brand and purchase intentions [J]. Journal of Current Issues & Research in Advertising, 2004, 26 (2).

[206] Trafimow, D., Kiekel, P. A., & Clason, D. The simultaneous consideration of between-participants and within-participants analyses in research on predictors of behaviours: The issue of dependence [J]. European Journal of Social Psychology, 2004, 34 (6).

[207] Vazquez, R., Del Rio, A. B., & Iglesias, V. Consumer-based brand equity: Development and validation of a measurement instrument [J]. Journal of Marketing management, 2002, 18 (1-2).

[208] Wattanasuwan, K. The self and symbolic consumption [J]. Journal of American Academy of Business, 2005, 6 (1).

[209] Webster, C., & James Ⅲ, B. F. The role of Hispanic ethnic identification on reference group influence [J]. NA-Advances in Consumer Research, 1994, (21).

[210] Weiss, S. Fluorescence spectroscopy of single biomolecules [J]. Science, 1999, 34 (08).

[211] Whan Park, C., MacInnis, D. J., Priester, J., Eisingerich, A. B.,

& Iacobucci, D. Brand attachment and brand attitude strength: Conceptual and empirical differentiation of two critical brand equity drivers [J]. Journal of marketing, 2010, 74 (6).

[212] Wolfinbarger, M. F. Motivations and symbolism in gift – giving behavior [J]. NA – Advances in Consumer Research Volume 1990, 17.

[213] Wyner, G. A. The many faces of customer value [J]. Marketing Research, 1998, 10 (1).

[214] Yang, J. , He, X. , & Lee, H. Social reference group influence on mobile phone purchasing behaviour: a cross – nation comparative study [J]. International Journal of Mobile Communications, 2007, 5 (3).

[215] Yu, J. , Ha, I. , Choi, M. , & Rho, J. Extending the TAM for a t – commerce [J]. Information & management, 2005, 42 (7).

[216] Zanna, M. P. , & Rempel, J. K. Attitudes: A new look at an old concept [J]. The social psychology of knowledge, 1988, 11 (7).

[217] Zarantonello, L. , & Schmitt, B. H. Using the brand experience scale to profile consumers and predict consumer behaviour [J]. Journal of Brand Management, 2010, 17 (7).

附录一　预测试调查问卷

澳门手信食品业品牌形象对消费者购买意愿的影响研究之调查问卷

亲爱的朋友：

　　这份是为了解消费者对当前澳门手信食品市场的品牌购买意愿的学术性调查问卷，您所提供的信息仅供研究之用，绝不向第三方披露。您的参与将使研究顺利进行。谢谢！

第一部分：购买情况

Q1. 您是否购买过澳门手信食品？

（1）是　　　　　（2）否

Q2. 如果购买过澳门手信食品，您购买次数是：（单选）

（1）从未消费过　（2）1～2次　　（3）3～5次

（4）6～10次　　（5）10次以上

Q3. 您最倾向于购买哪一个品牌的手信？（单选）

（1）钜记　　　　（2）英记　　　　（3）咀香园

（4）十月初五　　（5）晃记饼家　　（6）最香饼家

（7）其他

Q4. 请问您购买手信主要用于：

（1）自己品尝　　（2）赠送他人

第二部分：手信食品业品牌形象

选择澳门手信的经历，并依据您的感受进行选择，答案无对错之分。5分代表非常同意，4分代表基本同意，3分代表不确定，2分代表基本不同意，1分代表非常不同意，分数越高越同意，请根据您对问题的认同程度，请依次在相应的数字处进行勾选。

问题	非常同意	基本同意	不确定	基本不同意	非常不同意
5 该品牌手信是非常实用的	5	4	3	2	1
6 购买该品牌手信让我很安心	5	4	3	2	1
7 整体来讲该品牌手信食品设计非常好	5	4	3	2	1
8 该品牌手信质量很好	5	4	3	2	1
9 购买该品牌手信能代表我的社会地位	5	4	3	2	1
10 购买该品牌手信能增强人际关系	5	4	3	2	1
11 购买该品牌手信可以让自己与众不同	5	4	3	2	1
12 该品牌手信拥有良好的声誉	5	4	3	2	1
13 该品牌手信是本行业的领导品牌	5	4	3	2	1

续表

问题	非常同意	基本同意	不确定	基本不同意	非常不同意
14 我的朋友中很多人有该品牌手信	5	4	3	2	1
15 我会因为名人推荐而购买该品牌手信	5	4	3	2	1
16 该品牌手信可满足我追求生活乐趣的感觉	5	4	3	2	1
17 该品牌手信可满足我追求时尚的感觉	5	4	3	2	1
18 该品牌手信可满足我追求多样化生活的感觉	5	4	3	2	1
19 该品牌手信给予我欢乐的感觉	5	4	3	2	1

第三部分：手信食品业态度、面子意识、群体一致、行为规范和购买意愿

请评价下列描述是否与您的主观感受一致，答案无对错之分。5分代表非常同意，4分代表基本同意，3分代表不确定，2分代表基本不同意，1分代表非常不同意，分数越高越同意，请根据您对问题的认同程度，请依次在相应的数字处进行勾选。

问 题	非常同意	基本同意	不确定	基本不同意	非常不同意
20 我感觉购买该品牌手信是正确的	5	4	3	2	1
21 我感觉购买该品牌手信是理智的	5	4	3	2	1
22 我感觉购买该品牌手信是愚蠢的	5	4	3	2	1

续表

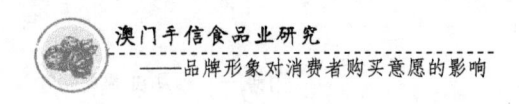

问　题	非常同意	基本同意	不确定	基本不同意	非常不同意
23 他人会对我购买该品牌手信表示赞许	5	4	3	2	1
24 他人认为拥有该品牌的手信能显示我的身份和地位	5	4	3	2	1
25 拥有该品牌手信会得到他人的尊重	5	4	3	2	1
26 购买或赠送他人该品牌手信很有面子	5	4	3	2	1
27 如果周围绝大部分同学、同事、朋友、亲人认为应该购买该品牌手信，我也会购买	5	4	3	2	1
28 如果周围绝大部分同学、同事、朋友、亲人都购买该品牌手信，我也会购买	5	4	3	2	1
29 我会考虑购买该品牌的手信	5	4	3	2	1
30 我愿意购买该品牌的手信	5	4	3	2	1
31 我愿意推荐他人购买该品牌的手信	5	4	3	2	1

第四部分：个人资料

32. 您的性别：

(1) 男　　　　(2) 女

33. 您的年龄：

(1) 18岁以下　　(2) 18~29岁　　(3) 30~40岁

(4) 41~50岁　　(5) 51~60岁　　(6) 61岁~

34. 您的学历:

(1) 高中或以下　(2) 大专　　　(3) 本科

(4) 硕士或以上

35. 您是:

(1) 中国澳门居民(2) 中国内地游客(3) 中国香港游客

(4) 中国台湾游客(5) 外国游客,_____国

(6) 内地来澳读书的学生　　　(7) 外来劳务人员

(8) 其他_____

36. 您的婚姻状况:

(1) 未婚　　　　(2) 已婚　　　(3) 其他

37. 您的月收入(人民币,单位:元):

(1) 5000 以下　　　　　　　(2) 5001~10000

(3) 10001~20000　　　　　　(4) 20001~50000

(5) 50001~

附录二　大样本正式调查问卷

澳门手信食品业品牌形象对消费者购买意愿的影响研究之调查问卷

亲爱的朋友：

　　这份是为了解消费者对当前澳门手信食品市场的品牌购买意愿的学术性调查问卷，您所提供的信息仅供研究之用，绝不向第三方披露。您的参与将使研究顺利进行！谢谢！

第一部分：购买情况

Q1. 您是否购买过澳门手信食品？

（1）是　　　　（2）否

Q2. 如果购买过澳门手信食品，您购买次数是：（单选）

（1）1~2次　　　（2）3~5次　　　（3）6~10次

（4）11次~

Q3. 您最倾向于购买哪一个品牌的手信？

（1）钜记　　　（2）英记　　　（3）咀香园

（4）十月初五　（5）晃记饼家　（6）最香饼家

（7）其他_____

Q4. 请问您购买手信主要用于：

（1）自己品尝　（2）赠送他人　（3）两者都有

第二部分：手信食品业品牌形象

选择澳门手信的经历，并依据您的感受进行选择，答案无对错之分。5分代表非常同意，4分代表基本同意，3分代表不确定，2分代表基本不同意，1分代表非常不同意，分数越高越同意，请根据您对问题的认同程度，请依次在相应的数字处进行勾选。

问　题	非常同意	基本同意	不确定	基本不同意	非常不同意
5 该品牌手信是非常实用的	5	4	3	2	1
6 该品牌手信食品安全让我放心	5	4	3	2	1
7 该品牌手信的包装、外观是精美的	5	4	3	2	1
8 该品牌手信质量很好	5	4	3	2	1
9 购买该品牌手信能代表我的社会地位	5	4	3	2	1
10 赠送该品牌手信能增强人际关系	5	4	3	2	1
11 购买该品牌手信是流行的	5	4	3	2	1
12 该品牌手信拥有良好的声誉	5	4	3	2	1
13 该品牌手信是手信业的领导品牌	5	4	3	2	1

续表

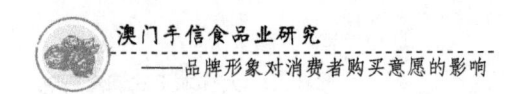

问 题	非常同意	基本同意	不确定	基本不同意	非常不同意
14 我的朋友中很多人有该品牌手信	5	4	3	2	1
15 该品牌手信可满足我追求生活乐趣的感觉	5	4	3	2	1
16 该品牌手信给予我温馨的感觉	5	4	3	2	1
17 该品牌手信可满足我追求多样化生活的感觉	5	4	3	2	1
18 该品牌手信给予我欢乐的感觉	5	4	3	2	1

第三部分：手信食品业态度、面子意识、群体一致和购买意愿

请评价下列描述是否与您的主观感受一致，答案无对错之分。5分代表非常同意，4分代表基本同意，3分代表不确定，2分代表基本不同意，1分代表非常不同意，分数越高越同意，请根据您对问题的认同程度，请依次在相应的数字处进行勾选。

问 题	非常同意	基本同意	不确定	基本不同意	非常不同意
19 我感觉购买该品牌手信是正确的	5	4	3	2	1
20 我感觉购买该品牌手信是理智的	5	4	3	2	1
21 我感觉购买该品牌手信是愚蠢的	5	4	3	2	1
22 他人会对我购买该品牌手信表示赞许	5	4	3	2	1
23 他人认为拥有该品牌的手信能显示我的身份和地位	5	4	3	2	1

续表

问　题	非常同意	基本同意	不确定	基本不同意	非常不同意
24 拥有该品牌手信会得到他人的尊重	5	4	3	2	1
25 购买或赠送他人该品牌手信很有面子	5	4	3	2	1
26 如果周围绝大部分同学、同事、朋友、亲人认为应该购买该品牌手信，我也会购买	5	4	3	2	1
27 如果周围绝大部分同学、同事、朋友、亲人都购买该品牌手信，我也会购买	5	4	3	2	1
28 我会考虑购买该品牌的手信	5	4	3	2	1
29 我愿意购买该品牌的手信	5	4	3	2	1
30 我愿意推荐他人购买该品牌的手信	5	4	3	2	1

第四部分：个人资料

31. 您的性别：

（1）男　　　　（2）女

32. 您的年龄：

（1）24 岁以下　（2）25～35 岁　（3）36～45 岁

（4）46～55 岁　（5）56 岁～

33. 您的学历：

（1）高中或以下　（2）大专　　　（3）本科

（4）硕士或以上

34. 您是：

(1) 澳门居民　　(2) 内地游客　　(3) 香港游客

(4) 台湾游客　　(5) 外国游客，_____国

(6) 从_____来澳劳务人员　　(7) 其他_____

35. 您的婚姻状况：

(1) 未婚　　(2) 已婚　　(3) 其他

36. 您的月收入（澳门币，单位为：元）：

(1) 5000 以下　(2) 5001~10000　(3) 10001~20000

(4) 20001~50000　(5) 50001~

附录三 前测性访谈提纲

您好！我是澳门城市大学工商管理专业博士生，现在在写博士毕业论文《澳门手信食品业品牌形象对顾客购买意愿的影响研究》。我想就这一行业消费者的购买意愿方面对您进行访谈。时间大约为 1 个小时。

我想了解的问题如下：

1. 请问澳门手信食品行业品牌的市场份额大概是怎样？造成这样的现象的原因可能是什么？

2. 请您介绍一下最近几年澳门手信食品行业市场的大致情况。

3. 请问您觉得消费者购买意愿的影响因素有哪些？

4. 请问您认为这些影响因素中哪个因素影响最大？为什么？

5. 请问您认为哪一类人群是主要购买力？为什么？

6. 请问您所在的企业为提升该品牌购买意愿或者购买行为

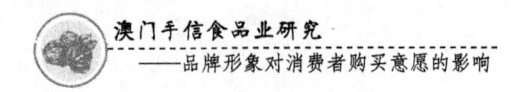

采取的措施是什么？收效怎样？

7. 请问您所在的企业的品牌形象（包括视觉形象和品牌在消费者心理的形象）是怎样的？

8. 请问您认为品牌形象对消费者的购买意愿有影响吗？

致　谢

我本科和硕士的学科背景是艺术设计学，但是博士毕业论文要用工商管理的知识结构来完成，这种跨度很大的学科交叉对我来说确实是个不小的挑战。对此，导师邝婉桦教授对我循循善诱，耐心指导，我非常感谢她。是导师对我一次次的肯定和鼓励，让我有信心继续写下去；是导师一次次让我从艺术设计思维转为理性的工商管理思维思考问题。我时刻记着导师说的"要用数据说话"，这种思维方式的转变是跨学科学习的关键点，是工商管理学科学习的根基，也是我以前没有接受过的训练，对我以后的学习和研究启发很大。同时，也感谢商学院教过我的老师们，是他们教给了我工商管理学科领域里的专业知识。

当然还要感谢我的家人。非常感谢我的先生对我学习的支持和鼓励，令我有勇气在百忙之中坚持不延期毕业，顺利写完论文。同时，非常感谢父母的理解，来澳门帮忙照顾孩子、做家务，让我在无数个加班熬夜的夜晚节约时间，安心写论文。还要

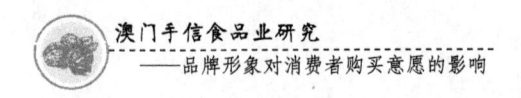

感谢孩子，承受着我写论文带来的焦虑和减少陪他的时间。

还要感谢所有接受我访谈的业界专家，他们提供的澳门手信食品行业的信息为我的论文提供了宝贵的第一手数据。感谢同窗、同事在论文写作过程中对我的鼓励和支持。

完成博士毕业论文，是我人生中很重要的一件事。在跨度非常大的学科领域里学习，对我今后关注和研究的方向和思维产生了非常大的影响。在集中动笔写毕业论文的大半年里，我抓住一切可能的机会向别人学习，锲而不舍地查找数据、反复修改论文，坚持到最后。我感谢自己的选择和坚持。

任玉洁

于澳门城市大学

2017 年 4 月 20 日